Peter Rowlands · Wochenend-Eltern

Peter Rowlands

Wochenend-Eltern

Intakte Elternschaft
trotz geschiedener Ehe

Kösel-Verlag München

Übersetzung aus dem Englischen: Sibylle Koch-Grünberg, Frankfurt.
Die Originalausgabe erschien unter dem Titel »Saturday Parent« bei George Allen & Unwin Ltd, London.

CIP-Kurztitelaufnahme der Deutschen Bibliothek

Rowlands, Peter:
Wochenend-Eltern: intakte Elternschaft trotz geschiedener Ehe / Peter Rowlands. [Übers. aus d. Engl.: Sibylle Koch-Grünberg]. – München: Kösel, 1983.
(Kösel für Eltern)
Einheitssacht.: Saturday parent ⟨dt.⟩
ISBN 3-466-30252-8

ISBN 3-466-30252-8

Gesamtherstellung: Kösel, Kempten.
Umschlaggestaltung: Design Team, München.
Umschlagfoto: Christa Pilger-Feiler, München.

Inhalt

Vorwort

Es gibt eine ganze Reihe von Büchern mit wertvollen Anregungen, die für Mütter und Väter gedacht sind, die aus dem einen oder anderen Grund ihre Kinder alleine großziehen. Dieses Buch hier ist nun für den *anderen* Elternteil geschrieben worden – für denjenigen, der seine Kinder nur am Wochenende sieht, alle vierzehn Tage oder auch nur wenige Tage im Jahr.
Immer mehr Männer und Frauen werden heute Wochenendeltern und stehen vor einer neuen Situation. Ich habe verschiedene Fallbeispiele gesammelt und analysiert, so daß dieses Material sowohl für Väter als auch für Mütter eine Hilfe sein kann. Viele Leute, mit denen ich geredet habe, waren überzeugt, daß ihre Situation einzigartig sei; oft machte sie das pessimistisch und traurig. Natürlich hat jede Familie etwas Einzigartiges. Doch die Art und Weise, wie sie über ihre Probleme redeten, legte nahe, daß sie überzeugt waren, sie seien seltene Einzelfälle. Hand in Hand mit dieser Überzeugung findet man eine entschuldigende Haltung bezüglich der Rolle, die sie spielen und ein Mangel an Kommunikation mit anderen Wochenendeltern. Es hat wenig Sinn, sich zu entschuldigen, denn das hilft niemandem weiter. Und was die Kommunikation angeht, dazu könnte mit diesem Buch vielleicht der erste Schritt gemacht werden.
Keineswegs waren alle, mit denen ich geredet habe, pessimistisch. Einige hatten große Erfolge zu vermelden und brachten mich mit sehr zufriedenen und ausgeglichenen Kindern und Jugendlichen zusammen. Die Dinge, die ich da gelernt habe, möchte ich gerne weitergeben.
Ich hatte das Glück, viele Leute zu treffen, die gerne mit mir gesprochen haben und sehr großzügig waren, was ihre Zeit und die Details ihres Familienlebens anging. Wenn auch Sie zu

meinem Verständnis dieser Dinge beigetragen haben und jetzt dieses Buch lesen, dann lassen Sie sich recht herzlich danken. Viele von Ihnen haben mich um Rat gefragt. Ich wünschte oftmals, ich hätte mehr helfen können.
Manchmal habe ich auch mit Eltern geredet, die das Sorgerecht für Kinder hatten. Ihre Erkenntnisse darüber, wie sich die Beziehung zwischen den Kindern und dem von der Familie getrennt lebenden Elternteil meistern läßt, haben sich meist als sehr wertvoll erwiesen. Herzlichen Dank auch ihnen. Danken möchte ich auch einer weiteren Gruppe von Personen, deren Rat oft erfrischend direkt war – den Kindern getrennt lebender Eltern, gleichgültig wie alt sie waren.
Auch Sozialarbeiter, Ärzte, Gerichtsbeamte, Lehrer und Psychologen waren besonders freundlich und haben sich große Mühe gegeben, mich auf die ihrer Meinung nach richtige Spur zu bringen. Ihre Ansichten haben sich häufig widersprochen, doch ich habe versucht, von ihren über die Jahre gesammelten Erfahrungen und Einsichten zu profitieren. Ich danke ihnen sehr.
Das verwendete Material in den Fallbeispielen ist bewußt abgeändert worden, damit möglichst keine der Personen erkannt wird. Halten Sie einen der Fälle möglicherweise für den Ihren, und meinen Sie, daß ich die Sache irgendwie falsch schildere, dann denken Sie bitte daran, daß ich das bewußt gemacht habe, um Ihnen Peinlichkeiten zu ersparen.
Susi Hock-Lovell hat mich auf die Idee gebracht, dieses Buch zu schreiben. Ihre Vorschläge, ihre Hilfe und ihre Kritik waren äußerst anregend.

1 Wenn Eltern getrennt leben

Wenn Sie kleine Kinder haben, jedoch nicht mit ihnen zusammenwohnen, dann möchten Sie doch sicherlich das ausnutzen, was die Juristen das »Besuchsrecht« nennen. Von Zeit zu Zeit richten Sie es also ein, Ihre Kinder zu sehen. Ob Sie dies nun bereits tun oder es erst planen, Sie werden wahrscheinlich den Tag wählen, an dem Sie nicht zur Arbeit gehen müssen, die Läden, Cafés und Vergnügungsstätten aber noch geöffnet sind. Sie sind also ein Wochenendvater oder eine Wochenendmutter. Dieses Buch wendet sich ganz besonders an Sie.

Ob nun der Sonntag für Sie ein günstigerer Besuchstag ist oder ob diese Treffen häufig oder seltener stattfinden, spielt keine Rolle. Ihre Kinder können noch sehr jung oder beinahe schon erwachsen sein. Sie wohnen vielleicht in der Nähe oder aber in einem anderen Land. Sie selbst sind in der Regel eher ein Vater als eine Mutter, und zwar einfach deswegen, weil bei einer Scheidung das Sorgerecht für die Kinder häufiger der Mutter zugesprochen wird. Sind Sie jedoch zufällig eine Wochenendmutter, so werden auch Sie im Buch nicht vergessen; ein Kapitel richtet sich in der Hauptsache an Sie.

Vielleicht sind Sie aber auch der Elternteil, der das Sorgerecht für die Kinder hat, und doch neugierig ist, wie die Sache von der anderen Seite her ausschaut. Sie können auch einfach ein lebhaftes Interesse an Kindern haben, z. B. als Sozialarbeiterin, Lehrerin, als Geistlicher oder jemand, der viele Kinder mit schwierigen Problemen trifft und versucht, ihnen zu helfen. Es ist auch sehr gut möglich, daß Sie ein Kind sind, dessen Eltern getrennt leben. Jeder ist bei diesem Buch willkommen. Doch beim Schreiben dachte ich in erster Linie an die Wochenendeltern selbst.

Sie sind das eigentliche »Sie«, das ich anrede.
Viele Wochenendeltern, die ich kennengelernt habe, sind offenbar ängstlich bezüglich ihrer neuen Rolle oder entschuldigen sich dafür. Das ist besonders dann der Fall, wenn sie sich noch nicht an ihren neuen Status gewöhnt haben oder wenn die Trennung oder Scheidung noch in vollem Gange ist. (Wann genau das Gericht eine Entscheidung fällt, ist dabei völlig irrelevant.) Viele der ängstlicheren Neulinge sind überrascht, wenn sie langsam erkennen, daß die Wochenendeltern weitverbreitet sind, zahlenmäßig ständig zunehmen, und daß man keineswegs alleine dasteht oder gar etwas Ungewöhnliches ist.
Wenn Sie das nächste Mal zufällig in der Nähe einer Imbißstube im Zoo oder in dem kleinen Café neben dem Schwimmbad oder einem Spielplatz sind, dann schauen Sie sich die Familiengruppen doch einmal genauer an. Es wird einige Kinder geben, die alleine dort sind. Diese können sich freundlich oder auch unsozial benehmen, können in sich gekehrt oder munter sein. Doch typisch wird sein, daß sie sich aneinander erproben; möglicherweise indem sie sich darüber streiten, wie sie ihr Geld ausgeben, ob sie sich mit anderen Kindern zusammentun oder nicht, oder ob sie jetzt endlich irgendwas anderes machen sollen. Um die Erwachsenen kümmern sie sich nicht, doch gewöhnlich geben sie sich die größte Mühe, aufeinander Eindruck zu machen. Manchmal werden sie von den Kindern, die mit ihren Eltern da sind, recht neidisch betrachtet. Denn ob die Eltern nun die Zügel straff halten oder sie locker lassen, ihre Kinder sind sich ihrer Gegenwart ganz offensichtlich bewußt und passen sich in ihrem Verhalten dem an. Gewöhnlich spüren sie, daß sie gewissen Vorschriften gehorchen müssen, anderen dagegen nicht. Ihrem Alter und ihrer Persönlichkeit entsprechend haben sie vielleicht eine besonders starke Bindung an einen Elternteil und versuchen möglicherweise, dessen Aufmerksamkeit auf sich zu lenken. Einige sind laut, andere still. Doch sie alle fügen sich noch in das »normale« Bild ein, so wie man das allgemein kennt. Vielleicht gibt es

deswegen die Imbißstuben und Cafés in Zoos und Schwimmbädern.
Es gibt allerdings noch eine dritte Kategorie von Besuchern dieser Orte. Dort drüben in der Ecke sitzt ein Mann mit zwei Kindern, sagen wir einmal ein Mädchen und ein Junge, zehn bzw. sechs Jahre alt. Der Mann versucht, sich mit seiner Tochter zu unterhalten, die nicht die richtigen Worte findet, um wirklich mit ihm zu reden. Sein Sohn versucht, soviel wie möglich bei der Sache herauszuschlagen. Hin und wieder zieht er seinen Vater am Ärmel und bittet um ein weiteres Eis. Dann schaltet er sich plötzlich in das Gespräch ein und gibt ein Rätsel auf – eins, mit dem er sich bereits vor zwei Wochen aufgespielt hat. Oder aber er stellt sich hinter seinen Vater und will diesem einen Judogriff demonstrieren. Das irritiert den Vater; normalerweise hat er es vielleicht gerne, doch gerade jetzt ist es zuviel des Guten. Es lenkt ihn sehr ab bei dem Versuch, seine Tochter dazu zu bringen, daß sie mehr über die Schule erzählt, über ihre Freundinnen, ihren Hamster – *irgend etwas.* Vielleicht rückt diese schließlich mit der Frage heraus: »Und wo wohnst du jetzt, Papi? Du hast es mir mal gesagt, aber ich habe es vergessen . . .«
Dieser Vater ist in der Tat ein Wochenendvater. Mein Buch handelt von ihm. Es wendet sich ebenfalls – und heutzutage in zunehmendem Maße – an einige Mütter, die auch Wochenendmütter sind. Doch hauptsächlich gibt es Wochenendväter. Deswegen rede ich von »ihm« und »seinen Kindern«, außer in Kapitel 8, das sich speziell mit den besonderen Problemen der Wochenendmutter beschäftigt.
Nun zurück in die Imbißstube. Ob da vielleicht noch andere Wochenendväter mit ihren Wochenendkindern sind? Ja, dort drüben auf der anderen Seite gibt es eine weitere, ähnlich zusammengesetzte Gruppe. Und da, ja, da ist noch eine. In diesem Fall hat es der Vater schwerer. Er schiebt einen Rollstuhl, während ein Fünfjähriges vorausrennt. Er hofft inständig, daß es genug Platz für sie gibt – am besten in einer Ecke, wo sie nicht allzu sehr auffallen. Irgendwann wird sich

mindestens einer dieser Gruppen eine Frau anschließen, die nicht die Mutter der Kinder ist. Mit einer gewissen Erfahrung kann man auch diese Szene von den »normalen« Familien unterscheiden. Es werden ein paar Unterschiede und einige ganz eigene Probleme deutlich, die in diesem Buch genauer untersucht werden.

Warum gibt es so viele dieser Gruppen mit nur einem Elternteil, und warum alle in der Imbißstube? In seiner ersten Zeit als Wochenendvater neigt dieser dazu zu glauben, er und seine Lebensumstände seien etwas ganz Besonderes. Dieses Gefühl ist natürlich, da er gerade eine emotionale Krise durchlaufen und wahrscheinlich sehr starke Gefühle bezüglich der Beziehung zu seinem Kind bzw. seinen Kindern hat. Eigentlich jedoch ist er einer von vielen. In jeder beliebigen Straße in jeder Stadt wird es unter fünf Familien eine geben, bei der der Vater vorübergehend oder ständig außer Haus lebt. (In einigen Fällen gibt es Ersatz für ihn – was vorübergehend, aber auch auf Dauer sein kann.) Nur bei ungefähr der Hälfte dieser Haushalte mit nur einem Erziehungsberechtigten hat es eine formelle Scheidung gegeben. In den anderen Fällen kann sich der Status der Beziehung zwischen den Eltern von Zeit zu Zeit ändern, zum Beispiel durch eine Versöhnung. Hält dieser Trend an, so wird es Anfang der achtziger Jahre auf vier Familien eine geben, in der ein Elternteil fehlt. Es sei darauf hingewiesen, daß diese Zahlen zwar mit der Scheidungsrate korrelieren, jedoch nicht gleich sind. In Nordamerika z. B. gibt es Staaten, in denen auf fünf Familien schon fast zwei mit nur einem Elternteil kommen. Natürlich besuchen nicht alle Väter oder Mütter, die woanders wohnen, am Wochenende ihre Kinder, und einige lassen sich überhaupt nie blicken. Doch es gibt viele, die das tun, und das sind die Leute, die es begrüßen, wenn Zoos und Schwimmbäder, Museen und ähnliches während des ganzen Jahres geöffnet bleiben.

Die Einstellung der Lehrer zu den Folgen des eben genannten Trends, so wie sie ihn im Unterricht erleben, ist von Schule zu Schule unterschiedlich. Eine negative Seite (z. B.: »Er ist hinter den anderen in der Klasse zurück, und er ist gestört, aber er kommt ja natürlich auch aus zerrütteten Familienverhältnissen«) sehen die Lehrer besonders dann, wenn das Wegfallen eines Elternteils weniger Aufmerksamkeit und weniger Zuneigung für das Kind bedeutet. Doch einige Lehrer sehen bei einer Trennung auch eine positive Seite. In einer Mittelschichtsschule in Toronto hatte ein Lehrer, der es vorwiegend mit (vierzehnjährigen) Jungen und Mädchen aus der neunten Klasse zu tun hatte, folgendes dazu zu sagen:

»Ich habe dreiunddreißig Schüler in der Klasse, von denen neunzehn aus getrennten Familien kommen. Um ehrlich zu sein, ich habe mehr Ärger mit den Kindern aus intakten Familien. Ich glaube, dafür gibt es drei Gründe. Erstens, wenn die Eltern geschieden sind, hat jeder mehr Zeit für seine Kinder. Zweitens, es gibt weniger Unstimmigkeiten über Disziplinfragen, durch die sich die Kinder hin und her gerissen fühlen. Und schließlich gibt es weniger Streit im Beisein der Kinder und sie werden nicht so oft in Streitereien mit hineingezogen.«

Dies soll *kein* Argument für die Scheidung sein. Es soll nur heißen: Schreiben Sie die Kinder nicht ab, nur weil die Eltern sich getrennt haben. Sie können ihnen helfen, die Situation zu überwinden.

Sehr oft wohnt der Elternteil, der auszieht, zuerst einmal unter beengten Verhältnissen, sei es in einer eigenen Wohnung oder in einem Zimmer bei Fremden im Haus. Wo immer das ist, ob er nun aus eigener Entscheidung oder aus ökonomischem Druck dort wohnt, die Wahrscheinlichkeit ist groß, daß die Wohnung einem aktiven Kind nichts zu bieten hat. Vielleicht schämt er sich dessen sogar ein wenig. Oder er lebt jetzt mit einer anderen Frau und zieht es im Augenblick vor, ganz oder doch vorwiegend zu vermeiden, daß sein Kind diese trifft. Natürlich gibt es immer noch das Haus, in dem die Familie wohnt. Es ist jedoch sehr wahrscheinlich, daß er sich hier nicht so ohne weiteres benehmen kann wie er will. In der Umgebung, die er kennt und die ihn kennt, fühlt er sich möglicherweise unwohl. Besonders befürchtet er – obgleich er das möglicherweise nicht zugeben wird –, daß das eine oder andere Unangenehme geschehen könnte, wenn der Besuch in der näheren Umgebung organisiert wird. Erstens könnte es regnen, oder sein Kind könnte sich langweilen und mit unschlagbarer Logik fragen, warum sie jetzt nicht nach Hause gehen: »Mami wär das egal!« Zweitens, wenn sein Kind nicht den Eindruck hat, daß etwas Besonderes passieren wird, könnte es lieber zu Hause bleiben wollen, um mit seinen Freunden zu spielen, der Mutter zu helfen oder einfach fernzusehen. Keinem Elternteil gefällt die Vorstellung, stillschweigend übergangen zu werden. Also organisiert er es so, daß irgendetwas Spannendes passiert. Wenn nicht viel Geld da ist und vielleicht auch etwas gemacht werden muß, das verschiedenen Altersgruppen gefällt, kann man sich für den Spielplatz, das Schwimmbad oder das Museum entscheiden ... und für den Zoo, das Kino oder den Rummelplatz, wenn mehr Geld zur Verfügung steht.

Bei schlechtem Wetter fällt der Wochenendvater mit seinem Kind am meisten auf. *Jede* Familie kann an einem warmen Sommertag an einem See spazierengehen. Doch wer sind die Leute, die man Mitte März sieht, die Schals fest um den Hals gewickelt, und die anfangen zu rennen, wenn sie in die Nähe eines Cafés kommen? Wer anders als der Wochenendvater würde sich für einen derartig trüben Ausflug entschieden haben?

Das soll jedoch nicht wie ein Vogelbestimmungsbuch klingen, in dem man lernt, wie man die Spezies ausfindig macht und sie mit dem Fernglas verfolgt. Wochenendeltern brauchen oft Hilfe und Ermutigung.

Lassen Sie uns noch einmal in die Imbißstube zurückkehren, wo es eine Art Dreieckssituation gab, die keinen so richtig befriedigte – der Vater, seine zehnjährige Tochter und sein sechsjähriger Sohn. Der Vater erinnert sich plötzlich daran, daß die Kinder am vergangenen Wochenende seine frühere Schwiegermutter besucht haben. »Wie geht es Oma?« fragt er. »Ach, gut geht's ihr«, sagt seine Tochter ohne groß nachzudenken.

»Nein, gar nicht!« schreit der sechsjährige Daniel und hört auf, Judogriffe zu versuchen. »Sie hat Bro–, Bro–, äh, irgendwas im Hals. Sie war im Bett.«

Emma seufzt nur. »Er meint Bronchitis.«

»Das kann ziemlich schlimm sein in ihrem Alter«, meint ihr Vater. »Wie fandest du sie, Emma – oder durftet ihr nicht zu ihr?«

»Nein, wir sind hineingegangen, um ihr Guten Tag zu sagen, aber wir mußten am Fußende stehen bleiben«, berichtet Emma. (Daniel hat versucht, mit seiner Version der Ereignisse dazwischenzufahren, doch er wird mit den Worten zur Ruhe gebracht: »Jetzt ist Emma dran. Gleich werde ich *dich* bitten, mir alles zu erzählen.«) »Sie hat sehr müde ausgesehen«, fährt Emma fort.

»So fühlt man sich oft, wenn man Bronchitis hat. Es ist sehr anstrengend, wenn man versucht zu reden oder richtig durchzuatmen. Hat sie viel geredet, Daniel? Sah sie fröhlich aus?«

»Ach doch, ich glaub' schon«, sagt Daniel. »Sie hat uns Schokolade gegeben.«

»Wißt ihr, was sie aufmuntern könnte? Ihr zwei sucht im Zookiosk ein paar schöne Tierpostkarten für sie aus und schickt ihr liebe Grüße. Schreibt einfach, sie soll bald wieder gesund werden. Das wird ihr Spaß machen. Um die Briefmarken braucht ihr euch nicht kümmern, ich habe welche dabei. Was wirst du ihr schicken, Daniel?«

Sein Sohn verkündet, daß er die Postkarte mit der größten Schlange kaufen wird, die er finden kann, worauf Emma lacht und bemerkt, ihr Bruder sei doch wirklich ein Scheusal. Ihre Stimmung verbessert sich entschieden, als sie etwas *finden, das sie zusammen tun können.* Das ist einfach mehr, als sich nur hinzusetzen und fernzusehen oder Kaffee und Kuchen zu bestellen. Wenn es eine gemeinsame Aktivität ist, zu der jeder etwas beiträgt und keiner ignoriert wird, geschehen zwei Dinge. Erstens vergißt man die Probleme, die entstehen, wenn man sich nicht so oft sieht, und verhält sich weniger steif. Zweitens erfährt man wirklich viel mehr voneinander, als wenn man direkte Fragen stellt und direkt darauf antwortet. Diese Fragen und Antworten sind oft reine Formsache, da alle Beteiligten bemüht sind, das Richtige zu sagen. Doch über eine andere Person sprechen, die allen bekannt ist, zu entscheiden, daß man etwas für sie tun kann, und dann zusammen loszugehen, um das zu tun – das ist *das wirkliche Leben.* Das Interesse, das Emma und Daniel an ihrer Großmutter haben, und die Art und Weise, wie sie es angehen, gute Postkarten zum Verschicken auszusuchen (Z. B. Daniels Bedürfnis, mit einer großen Schlange Eindruck zu machen), das sind alles wertvolle Informationen über die Kinder – wenn ihr Vater nur dazu bereit ist, sie als solche zu sehen. Das kann ihm weit mehr über seine Kinder sagen, als Antworten wie »Oh ja, Papi, in der Schule ist jetzt alles in Ordnung.«

Bei gemeinsamen Aktivitäten dieser Art kommt es nicht vor, daß plötzlich eine Pause eintritt und man sich überlegt, was jetzt zu tun oder zu sagen wäre. Außerdem ist es eine weit bessere Garantie dafür, daß die Kinder auch bei künftigen Gelegenheiten Interesse daran haben werden, mit ihrem Wochenendvater auszugehen. Wenn sie wissen: die Wahrscheinlichkeit besteht, daß irgendetwas Aktives passieren wird, dann macht es ihnen auch nichts aus, wieder einmal einen steifen Frage-und-Antwort-Nachmittag durchzustehen. Und sie wissen, daß sie mehr sein werden als nur die Zuschauer bei irgendetwas, das vor ihnen abrollt.

Gelegentlich bringt so etwas auch einen unerwarteten Bonus. Emma fragt ihren Vater, ob er auch eine Postkarte schicken wird. Er antwortet: »Nein, ich glaube nicht«, und zögert dann. Er spürt, daß sie dafür einen Grund hören will. »Soll ich dir sagen, warum?«

Emma meint, sie glaubt zu wissen warum, doch Daniel möchte es wissen. »Hast du Oma nicht *lieb,* Papi?« will er mit seinem üblichen Taktgefühl wissen.

»Nun, paßt auf«, erklärt ihr Vater ruhig. »Ich *hab* sie lieb, und mir tut es leid, daß sie krank ist, doch sie war sehr traurig darüber, daß ich von eurer Mami weggezogen bin, und ich glaube, es würde sie im Augenblick nur aufregen, wenn sie eine Postkarte von mir bekäme.«

»Da hast du ganz recht«, erzählt ihm Emma. »Oma hat uns immer angesehen und dann hat sie angefangen zu weinen. Sie redet nie von dir.«

Ihr Vater lächelt. »Das kann ja nicht gerade aufmunternd sein, wenn dich jemand anschaut und dabei in Tränen ausbricht.«

Daniel ahmt ein Aufschluchzen nach, das, wie er laut verkündet, »genau wie Oma« ist. Die anderen müssen lachen, obgleich Emma zu ihm sagt, er sei *wirklich* wieder ganz schrecklich.

»Es ist nicht gut, wenn man immer traurig ist«, fügt ihr Vater hinzu.

»Nein, ich bin nicht traurig«, behauptet Emma.

Sie weiß, daß das nicht ganz stimmt, und ihr Vater weiß es auch. Jeder weiß diesmal sicher, daß es der andere weiß. Sie tauschen ein Lächeln, das innigste seit vielen Wochen. Die Episode mit ihrer Oma hat dazu gedient, Emma aus der Reserve zu locken, ein wenig von dem Dunkel in ihrer Seele an die Oberfläche zu bringen. Sie haben es zusammen angesehen und sich danach besser gefühlt. Alles wurde nicht offengelegt – und die Gefühle waren auch so stark, daß das wahrscheinlich gut so war. Doch es half ihnen, etwas lockerer zu werden und ganz natürlich darüber zu reden. Alle gingen sie an diesem Tag glücklicher nach Hause und hatten das Gefühl, heute wirklich etwas getan zu haben.

Nicht alle Väter und Mütter, die von ihrer Familie weggezogen sind, möchten diese eben beschriebene Erfahrung machen. Dafür gibt es verschiedene Gründe. Ein auf der Hand liegender Grund ist das mangelnde Interesse an den Kindern. Doch häufig haben Wochenendeltern auch das Gefühl, daß sie in Verlegenheit gebracht oder verletzt werden oder daß sie Schuldgefühle bekommen sollen; oder aber sie haben sich dafür entschieden, ein neues Leben anzufangen, und wollen nicht, daß sich dem irgendetwas in den Weg stellt.

Ich glaube, beide Gründe sind irreführend, und möglicherweise

machen sich die Beteiligten unnötig schlecht dabei. Jedoch ist es leichter, zu verstehen, daß jemand so fühlt, als ihn deswegen zu verdammen.
Sie werden sich viel eher unwohl und schuldbewußt fühlen, wenn Sie Ihre Kinder sehr selten sehen, bzw. wenn Sie sich schon lange nicht mehr mit ihnen getroffen haben. Es ist wahrscheinlich weit weniger problematisch, wenn Sie etwas finden, woran Sie sich zusammen mit den Kindern freuen können. Geschiedenen Eltern bereitet es oft einen noch größeren Schmerz, wenn sie versuchen, sich Schmerzen zu ersparen. Ähnliches gilt, wenn Sie ein neues Leben mit einem anderen Partner anfangen wollen. Man kann niemals etwas ganz von vorne anfangen. Wenn Sie nicht mit bestimmten Erinnerungen leben oder nicht mit den Ansprüchen der jungen Menschen aus Ihrem früheren Leben zurechtkommen, dann ist Ihre Zukunft von vornherein in Gefahr.
Brauchen denn Kinder überhaupt beide Eltern? Das ist eine Frage, die wir beantworten müssen. Es ist einfach, zu sagen: »Aber natürlich, denn biologisch gesehen haben sie von Anfang an beide Eltern, und auf diese Weise bleibt auch die Gesellschaft weiter bestehen.« Heutzutage ist es mit einer solchen Antwort nicht getan. Die Zeit, in der die Kinder rein körperlich jemanden brauchen, ist nicht sehr lange. Und was die Gesellschaft braucht, ist nicht notwendigerweise immer das Richtige; es hat sich schon häufig gezeigt, daß dem nicht so ist. Ein blinder Glaube an gesellschaftliche Institutionen, u. a. an die klassische Familie, ist für unsere Zeit nicht charakteristisch – und sollte es auch nicht sein. Eine wirkliche Antwort auf die oben gestellte Frage muß sich auf hieb- und stichfeste Informationen und die objektive Interpretation dieser Informationen stützen.
Relevante Hinweise geben uns Untersuchungsergebnisse über die verschiedenen Rollen, die beide Eltern normalerweise bei der Kindererziehung spielen und die Bedeutung, die diese Rollenvorbilder für die Kinder haben; ebenso die Erkenntnisse darüber, was mit Kindern geschieht, deren Eltern sich trennen,

und die daher von einigen dieser Rollen nicht profitieren können.

In den ersten Jahren haben die Kinder gewöhnlich ziemlich viel Gelegenheit, zwei Erwachsene recht gut kennenzulernen. Dies kann die Mutter oder der Vater sein. Jedoch ist dies nicht immer der Fall; es kann sein, daß die vertrautesten Menschen im Leben eines Kindes Großvater oder Großmutter und eine Kindergärtnerin sind, wenn die Eltern sich zum Beispiel so völlig ihrer Arbeit verschrieben haben, daß beide fünf oder sechs Tage in der Woche nicht bei ihrem Kind sind – und das Woche um Woche, dann noch abends ausgehen, und sonntags angeln oder Golf spielen. Doch normalerweise sind es wohl der Vater und die Mutter. Man nehme einen davon weg, und schon sind die frühkindlichen Erfahrungen, wie ein Erwachsener ist und wie sich ein naher Verwandter benimmt, um die Hälfte reduziert. Das Kind *kommt,* was das Kennenlernen von Menschen angeht, *zu kurz.* Die Mütter haben häufig sehr viel zu tun, und es wird von allen Seiten um ihre Aufmerksamkeit gerungen. Doch gewöhnlich sind sie zumindest immer greifbar, tröstlich im Vorder- oder Hintergrund vorhanden, eine Quelle der Nahrung, der Hilfe und einer Grundbehaglichkeit. Die Väter sind oft weniger hin und her gerissen, wenn sie abends erscheinen. Sie spüren, wie sich für sie das Tempo nach der Arbeit ändert (auch wenn sie mit einem Wutanfall des Kindes konfrontiert werden), und wenn sie in näheren Kontakt mit ihrem Kind kommen, vermitteln sie typischerweise eine andere Art von Erfahrung.

Ein sehr aufgeweckter Sechsjähriger fragte mich einmal: »Arbeitest du auch für ICI?« Ich schaute ihn verwundert an und meinte. »Nein.« Dann wurde mir klar, daß sein Vater und einige von dessen guten Freunden in dieser großen Firma beschäftigt waren. Für diesen Jungen stand im Mittelpunkt der Männerwelt dort draußen sein Konzept von »Vater«. Wahrscheinlich machte er mir ein Kompliment, als er mir die Merkmale zuschrieb, die diese Männer, die zur Arbeit gingen, offenbar teilten. Nach und nach würde er lernen, daß es sehr viele unterschiedliche Jobs, Temperamente, Verhaltensweisen und Interessen neben seinem Vater und dessen Kreis bei der ICI gibt. Doch er hatte das Glück, daß er einen Maßstab dafür besaß, daß es einen Mann gab, den er anfing zu verstehen und den er schon seit langem zu lieben und zu bewundern begonnen hatte.

Wenn wir über diese sehr wichtige Seite des Kontakts zu den Eltern sprechen, laufen wir Gefahr, zu schnell von den konventionellen Geschlechtsrollen auszugehen. In Familien, in denen die Rollen vertauscht sind, wo die Mutter die Familie ernährt und der Vater fast immer daheim ist, nimmt ein Kind andere Botschaften auf. Diese Urteile, was Männer und was Frauen tun, sind nicht notwendigerweise »falsch«, obzwar sie immer noch ungewöhnlich sind. Das Kind wird später feststellen, daß seine Eltern eine ziemliche Ausnahme waren. Doch es wird trotz allem eine große Bandbreite an Wahrnehmungen über Eltern – die Erwachsenen – und deren Beziehungen zu ihm selbst – dem Kind – geben, von denen es profitiert hat; und zwar wird es dabei um folgende Punkte gehen: wie sie es selbst behandeln; wie sie miteinander umgehen, mit und ohne Kind; wie sie sich voneinander unterscheiden, in ihren Interessen, ihrer Persönlichkeit, ihrem Humor – all die »feinen Abstimmungen«, die den einzelnen Menschen ausmachen. Ein Kind dagegen, das nur einen Elternteil um sich hat, sieht nur eine Seite der Medaille.

Natürlich können Alleinstehende sehr viel dafür tun, die Umgebung eines solchen Kindes zu bereichern und zu vermeiden, daß es emotional zu stark von einer Person abhängig ist. Ich möchte auch nicht den enormen Wert von älteren Geschwistern oder Freunden des Hauses bestreiten. Sie sind gewiß eine Hilfe. Den Vater ersetzen sie jedoch nicht.

Kindern, die wissen, daß es eine Zeitlang jemanden gegeben hat, den sie »Papi« genannt haben und der einfach weggegangen ist, ohne je wieder zurückzukommen, fehlt etwas Wichtiges. Manchmal verleugnen sie das, doch sie tun dies ohne Überzeugung. Es bedeutet nur, daß sie ihre Situation so positiv wie möglich sehen, und man sollte ihre Haltung respektieren. Denn es gibt da eine Lücke, die nur schwer zu füllen ist.

Zuvor habe ich von der positiven Seite des väterlichen Beitrags in der Familie geredet. Die negative Seite tritt dann in Erscheinung, wenn der Vater sich zurückzieht. Früher wurden Kinder ohne Vater gewöhnlich in der Schule verspottet und ständig daran erinnert, daß ihnen etwas fehlt, so als ob sie ihre Vaterlosigkeit zu minderwertigeren Menschen mache. Wahrscheinlich geschieht das in gewisser Weise immer noch. Doch das Hauptproblem sind die Gefühle, die sich *im Inneren* des Kindes abspielen, nicht diejenigen, die von außen aufgewühlt werden.

Kinder, die eine enge Verbindung zu ihrem Vater aufrechterhalten können, auch wenn dieser sich von der Familie getrennt hat, haben den Vorteil, daß sie in der Schule leichter über ihn reden und auch von seiner Liebe, seiner Erfahrung und seinem Beispiel profitieren können. Wenn sie den Kontakt zu ihm beibehalten und ihn besser verstehen, läßt sich für sie auch nach und nach folgendes sehr Wichtige daraus entnehmen:

(1) Er hat sie immer noch sehr gern, auch wenn er nicht bei ihnen wohnt.

(2) Er ist nicht durch und durch schlecht (wie man ihnen vielleicht gesagt hat), und welche Charakterzüge auch immer sie von ihm geerbt haben, sie sind ebenfalls eine Mischung aus Gutem und Bösem.

(3) Was immer die Gründe für sein Weggehen gewesen sind, es kann nicht nur deswegen dazu gekommen sein, weil er *sie* hat loswerden wollen.

(4) Es umgibt ihn kein großes Geheimnis, um das man krankhafte Phantasien ranken muß.

Sozialarbeiter, die sich mit den Problemen von jungen Straftätern und unglücklichen Kindern beschäftigen, die sich verletzen oder versuchen, sich umzubringen, stellen häufig fest, daß diese Kinder genau vom *Gegenteil* überzeugt sind. Das heißt, diese Kinder hegen oft mindestens eine dieser für sie so ungesunden Überzeugungen – sie glauben, daß sie einen Vater haben, dem sie einfach egal sind (und der damit ein Beispiel setzt und sie als nutzlos und ungewollt abschreibt); daß es eine dunkle Seite in ihrem Charakter gibt, die ererbt ist und der sie nicht entrinnen können; daß das Zerbrechen der Familie auf irgendeine Weise ganz oder teilweise ihnen zuzuschreiben ist; und daß der Vater alles mögliche sein kann, vom Kriminellen bis zum enterbten Adligen, und daß sein Verschwinden alles geändert hat und sich die Verhältnisse wieder dramatisch ändern werden, wenn er zurückkommt.

Es hat keinen Sinn, wenn Sie sich sagen, daß ein normal begabtes, sensibles Kind sich keine derartig wilden Geschichten ausdenken wird. Das Verschwinden eines Elternteils übersteigt alles, was es geistig verkraften kann. Wir bewegen uns hier auf einer Ebene, die gefühlsmäßig, nicht durch logisches Denken zugänglich ist.

Doch indem er da ist, zuhört und redet, und indem er erreichbar bleibt, kann ein Vater recht viel dazu beitragen, dem Kind eine ausgeglichenere Vorstellung von dem Wert des Vaters und seinem eigenen Wert zu geben.

Nicht alle Kinder, die den Kontakt zu einem Elternteil verlieren, haben irgendwann in ihrem Leben schwere Probleme. Das wäre eine grobe Übertreibung. Tendenziell jedoch besteht für sie ein Risiko. Die Sozialarbeiter wissen das bereits seit langer Zeit. Untersuchungsergebnisse von Joan Kelly und Judith Wellenstein zeigen, daß Kinder in getrennt lebenden Familien, die weiterhin Verbindung zu dem nicht mit der Familie lebenden Elternteil haben, mit entschieden größerer Wahrscheinlichkeit eine glückliche, ausgeglichene und positive Vorstellung davon haben, wie sie sind und was sie vielleicht einmal erreichen. Die Gefahr, daß sie kriminell werden oder sich anderen Kindern bzw. einem gegengeschlechtlichen Partner nicht anpassen können, ist gering.

Positiver gesagt, in einer neueren Arbeit konnte Margaret Hennig von der Harvard Business School anhand einer Stichprobe von amerikanischen Frauen, die in den verschiedensten Berufen Erfolg und Anerkennung erlangt hatten, folgenden immer wieder auftauchenden Faktor feststellen: sie hatten eine außerordentlich gute Beziehung zu beiden Eltern, *besonders zu dem Vater.*

Auch gibt es Hinweise dafür, daß es für die Väter ebenfalls gut ist, wenn sie den Kindern eng verbunden bleiben. K. Rosenthal und H. Kesset analysierten die Einstellungen von Vätern, die die Beziehungen zu ihren Kindern in verschieden starkem Maße aufrechterhielten: diejenigen, die sich genausoviel um die Kinder kümmerten wie ihre geschiedene Frau, fühlten sich in ihrer Rolle am glücklichsten. Dies hindert jedoch einige Väter nicht daran, zu denken, daß sie sich genausogut drücken und aus dem Leben ihrer Kinder davonstehlen könnten. Welche Umstände rechtfertigen diese Einschätzung? Ich denke, *da gibt es kaum welche,* abgesehen von Sonderfällen, wenn der Vater seit langem Trinker ist oder die Kinder mißhandelt.

Dr. G. B. Blaine unterschied bei der Interpretation der Ergebnisse langfristig angelegter Untersuchungen über »Kinder geschiedener Eltern« zwei Faktoren, die eine normale Entwicklung dieser Kinder wahrscheinlicher machen. Der eine Faktor war ein zu identifizierender Ort, den das Kind sein »Zuhause« nennen konnte. Der andere war die Anwesenheit eines erwachsenen Mannes und einer erwachsenen Frau über eine relativ lange Zeitspanne hinweg.

Die Studie von Joan Kelly und Judith Wallenstein (bei der dieselben Kinder mehrere Jahre lang immer wieder aufgesucht wurden) zeigte deutlich, daß *keines* der Kinder einen dauerhaften Bruch in der Familie wollte. Sie hatten den Wunsch, den Vater um sich zu haben, genau wie die Mutter. Sie wollten sehr oft besucht werden. Die zufriedensten Kinder – oder diejenigen, die sich am besten mit der Situation abgefunden hatten – waren diejenigen, die mit dem Fahrrad zwischen den beiden Wohnungen hin und her fahren konnten. Dies sagt doch offenbar etwas darüber aus, daß die Kinder die »Besuche« selbst organisieren wollen – vielleicht um nachzuprüfen, ob sie immer noch feste Beziehungen zu beiden Eltern haben – und es sagt auch aus, daß sie diese Besuche wollen und davon profitieren.

Manchmal zeigt ein Kind alle Anzeichen dafür, daß es den abwesenden Elternteil nicht mag, und zwar bis zu dem Punkt, daß es unartig wird und es äußerst schwer ist mit ihm umzugehen, wann immer es zu Besuch kommt. Dies geschah zum Beispiel bei einem Mann namens Fred, der nach einer einjährigen Pause den Kontakt zu seinem fünfjährigen Sohn Jürgen wiederaufnehmen wollte. Fred stand also jedesmal an der Straßenecke, wo er seinen Sohn treffen sollte, und Jürgen rannte in großer Geschwindigkeit über den Hof auf ihn zu. Ein paar Meter vor ihm hielt Jürgen dann inne, erklärte, jetzt würde er seinen Vater umbringen, und rannte los, den Kopf gesenkt, wobei er auf Freds Magengrube zielte. Dann versuchte er, ihm auf die Zehen zu treten und ihn umzustoßen. Die Rangelei dauerte einige Minuten, dann trat eine Pause ein, und danach gab es eine weitere Runde Freistilringen.

Diese Besuche waren für Fred sehr anstrengend und schmerzlich. Er versuchte, Jürgens Angriffen mit einem gewissen Humor zu begegnen, zum Beispiel mit den Worten: »Ich bin kein Stierkämpfer, weißt du!« Doch meistens mußte er seinen Sohn in den Schwitzkasten nehmen; zum einen ganz einfach zum eigenen Schutz, aber auch, um der peinlichen Szene ein Ende zu machen, die die Nachbarn sicherlich falsch verstanden. Während der eigentlichen Besuche verhielt sich Jürgen unterschiedlich, doch gewöhnlich gehörte viel Jammern und Quengeln und auch wütendes Schreien – »Ich hasse dich« – dazu, wenn ihm beispielsweise ein zweites Eis abgeschlagen wurde. Fred fragte sich langsam, ob sich die Mühe wohl lohne. Vielleicht hatte sein Sohn wirklich angefangen ihn zu hassen, und es war sinnlos, weiterhin an ihrer Beziehung festzuhalten. Doch es gab Dinge, die dagegen sprachen. Eine Nachbarin in dem Wohnblock, deren Sohn oft mit Jürgen spielte, traf Fred eines Samstagmorgens auf dem Weg zur Hofecke. Sie meinte, was für ein schöner Tag heute sei, und sah etwas überrascht drein, als Fred nur mit traurigem Lächeln den Kopf schüttelte.

»Aber was denn«, sagte sie rundheraus, »Sie können sich gar nicht vorstellen, wie Jürgen sich auf Sie freut und wie er damit vor den anderen Kindern angibt!«

»Jürgen – das tut er? Wirklich?«

»Aber ja, natürlich! Er nennt meinen Kleinen eine Flasche, nur weil sein Vati immer da ist und nicht *eigens* kommt, ihn zu besuchen. Wissen Sie, wir wohnen alle zusammen.«

»Das sagt er?«

»Ja wirklich! Gerade kürzlich hat er mir erzählt, daß Sie ganz vom anderen Ende der Stadt kommen, um ihn abzuholen. Natürlich ist das für ihn das andere Ende der Welt.«

»Nun...«

Fred war mit seinen Gedanken ganz woanders, als Jürgen seinen üblichen Ausfall startete, und so verschlug der Angriff ihm den Atem. Es verschlug ihm zwar den Atem, doch er war auf eine ganz verwirrte Weise glücklich.

Das war vor ein paar Jahren. Jürgen führt sich jetzt nicht mehr auf wie ein wilder Stier, gewöhnlich laufen die Besuche ruhig ab. Manchmal jedoch gibt es auch jetzt noch Momente, wo Jürgen Ungeduld oder Mißfallen körperlich zum Ausdruck bringt. Offenbar muß er sich wieder zurückholen, was ihm gehört, und dazu muß er seinem Vater auf den Füßen herumtrampeln. Danach ist er ruhig, herzlich und umgänglich.

Ab und an ist mit dem heftigen Wunsch kleiner Kinder, das Geschehene ungeschehen zu machen und den Riß in der Familie zu kitten, nicht fertigzuwerden. Frustriert, weil sie völlig machtlos sind und nicht wirklich verstehen können, warum ihre Eltern nicht wieder zusammenkommen, nutzen sie die Gelegenheit, ihre heftigen Gefühle zu zeigen. Sie toben die Gefühle aus, die sie noch nicht auf »erwachsene« Weise angehen können, denn dazu sind sie zu jung. Ist der Gefühlsausbruch vorüber und sie haben ihre Sache zu Gehör gebracht, dann können sie sich wieder mit der positiven Seite des Besuchs befassen. Tatsächlich haben kleine Kinder oft Angst vor ihren Gefühlen, was zu erhöhter Anspannung führt, zu einem größeren Bedürfnis nach aggressivem Verhalten und der Jagd nach neuer Stimulation – dem Gejammere nach Eis, Süßigkeiten, Geschenken, nach diesem und jenem. Das geht vorüber. Sie müssen geduldig sein, wie Fred.

Herauszufinden, was sich auf der anderen Seite der Mauer abspielt, ist eins der kniffeligsten Probleme von Wochenendeltern. Fred war der Überzeugung, sein Kind habe sich endgültig gegen ihn gestellt. Manchmal helfen rein zufällige Bemerkungen, einen Einblick in das zu bekommen, was da sonst noch ablaufen mag. Es gab jedoch einen wichtigen Hinweis, den Fred übersehen hatte: sein Sohn hatte eine Art von Ritual entwickelt, wenn sie sich trafen. Es gab ein bestimmtes Muster in seinem Verhalten, das Jürgen aus dem einen oder anderen Grund immer gerne wiederholte. So etwas geschieht nicht, wenn die Besuche etwas Unerfreuliches sind. Wiederholte Späße mit einem Elternteil (auch wenn es sich um recht merkwürdige Späße handelt) sind ein Schritt auf dem Weg zurück zu einer guten Verständigung. Man kann auf etwas Verläßlichem aufbauen, und genau das ermöglicht das Ritual. Ein Kind, das ernstlich verwirrt über etwas ist, wird nicht mehr auf ein eingespieltes Verhaltensmuster zurückgreifen; ein solches Kind will typischerweise, daß seine Eltern irgendeinen Kompromiß anbieten oder versuchen herauszufinden, was eigentlich nicht in Ordnung ist, um so ein besseres Verhältnis zu ihm bekommen.

Man *könnte* Fred ein wenig dafür kritisieren, daß er ein so schlechtes Benehmen toleriert hat. Ich persönlich glaube nicht, daß er sich sehr falsch benommen hat, obgleich Wochenendeltern die Pflicht haben, ihrem Kind dabei zu helfen, daß es nicht unsozial wird.

Doch abgesehen davon wünschte ich, Sie könnten Fred und Jürgen *jetzt* einmal sehen, wenn Sie sich nicht im klaren darüber sind, ob Sie Ihr Kind einmal besuchen bzw. es weiterbesuchen sollen oder nicht.

2 Wie lernt ein Kind damit umzugehen

Zwei Menschen profitieren in der Regel von der häufig und regelmäßig gezeigten Aufmerksamkeit: das Kind und der Elternteil, der es nur am Wochenende sieht. Eine weitere Person profitiert am Rande davon, nämlich der Elternteil, der mit dem Kind lebt.

Einige Gründe, warum ich das für gut halte, sind im ersten Kapitel aufgeführt. Wir wollen sie uns jetzt einmal genauer ansehen. Verstehen wir sie, so verhilft uns das zu einem Rahmen, anhand dessen wir das Leben und die Gewohnheiten von Wochenendeltern entwickeln können.

Wie alt muß ein Kind sein, bevor es bemerkt (im Sinne von *empfindet*), daß sein Vater von der Bildfläche verschwunden ist? Auf jeden Fall älter, als wenn die Mutter plötzlich nicht mehr da ist. Doch der genaue Zeitpunkt hängt sehr stark davon ab, wie das Kind behandelt worden ist, von seiner Intelligenz und Persönlichkeitsstruktur sowie von dem Ausmaß an Kontakt, den es zu seinem Vater gehabt hat. Das kann etwa schon im Alter von einem Jahr sein, in Ausnahmen jedoch auch erst, wenn es ungefähr drei ist.

Nehmen wir einmal eine »normale« Familie, ganz durchschnittliche Leute – die etwas überdurchschnittlich viel Krach miteinander haben. Ihr Kind ist drei Jahre alt und ein Einzelkind. Es besitzt die Liebe und Zuneigung beider Eltern. Dann trennen sie sich.

Um es ganz offen zu sagen: die Welt des Kindes ist sehr ins Wanken gekommen. Sein Vertrauen ist erschüttert. Mag sein, daß es dies nicht zeigt, doch es kämpft damit, Dinge zu verändern. Es wird nicht viel nützen, ihm die Gründe zu erklären. Es will so tun, als hätte sich nie etwas geändert.

»Wollt ihr *bitte*«, so sagt es, »so schnell wie möglich wieder normal sein«.

Wenn dieses Kind ein bestimmtes Gefühl der Kontinuität mit den Leuten bekommt, die es kennt und liebt, kann ihm das etwas helfen. Wie auch immer die Gefühle zwischen Ex-Ehemann und -frau sind, das Kind wünscht sich ein erkennbares Muster, das dem vorherigen, als alle sich noch häufig sahen, so ähnlich wie möglich ist. *Warum* genau ein Kind davon so abhängig ist, ist nicht so leicht zu erklären. Doch es hat ganz sicherlich Bedürfnisse, die über die grundlegenden lebensnotwendigen Dinge wie Essen, Trinken und Schlafen hinausgehen. Das menschliche Erbe verlangt nach mehr – möglicherweise als Teil eines Instinkts, der das biologische Überleben garantiert und von frühester Zeit an zum Menschsein gehört hat.

Sehr häufig wollen die beiden Erwachsenen in den Tagen direkt nach dem Auseinanderbrechen der Familie diesen Bruch so vollständig wie möglich machen, indem sie den Kontakt auf ein Minimum beschränken. Die Kinder repräsentieren eine Verbindung, die vielleicht in der ungestümen Zeit der dramatischen Reaktionen, in denen Türen zugeschlagen und Eide geschworen werden, daß man nie mehr zurückkommt, bedauert oder gar aus dem Denken verdrängt wird. Dies ist gewöhnlich eine schlechte Zeit, um zu versuchen, einen vernünftigen Plan auszuarbeiten, wie dem abwesenden Elternteil ein regelmäßiges Besuchsrecht eingeräumt werden kann, und noch viel weniger, zu einer endgültigen Entscheidung darüber zu kommen, ob man nun Besuche bei den Kindern anbieten bzw. solche Angebote annehmen soll. Man wartet besser ein Weilchen und läßt sich von einem Verwandten oder Familienangehörigen dabei helfen, auf unvoreingenommener Basis die verschiedenen Ansichten abzuklopfen, oder redet mit jemandem, der Erfahrung mit derlei Problemen hat – zum Beispiel mit einem Eheberater, Sozialarbeiter oder einem Geistlichen.

Dies kann Situationen vermeiden helfen, wo der eine der früheren Ehepartner sich auf einen scheinbar unwiderruflichen

Standpunkt stellt. Es hilft vielleicht für den Augenblick, wenn man Dampf abläßt und schwört, daß man alle Verbindungen aufkündigt, doch das ist kein sonderlich erwachsenes Verhalten und den Kindern hilft es auch nicht weiter.

Einige Kinder, die sehr früh verlassen worden sind, zimmern sich sehr seltsame Interpretationen zurecht, wie es dazu gekommen ist, daß sie nur einen Elternteil zu Hause haben. Im folgenden eine Stichprobe von Gedanken und Erklärungen, mit denen manche Kinder eine ziemlich lange Zeit gelebt haben. Die schlimmste Phantasie dabei ist die, daß irgend etwas, was das Kind getan oder nicht getan hat, dem Problem zugrundeliegt.

Jan ist ein Einzelkind, ein Junge. Sein Vater hat die Familie verlassen, als er drei Jahre alt war und ist seither nicht wieder aufgetaucht. Jan ist verheiratet, lebt jedoch von seiner Frau getrennt. Er ist ein einigermaßen erfolgreicher Ingenieur. Er ist scheu, aber sehr lebensfroh.

Er denkt nicht gerne an seine Kindheit. Seine Mutter sieht er selten.

Ich weiß nicht warum, aber für mich stand unzweifelhaft fest, daß mein Vater beim Militär war, und deswegen irgendwo draußen im Krieg. Ich war zu der Zeit vier oder fünf, und so spielte es überhaupt keine Rolle, ob es zu der Zeit wirklich Krieg gab. Ich wußte, er *war* beim Militär gewesen, und daher, so glaube ich, ließ ich ihn in Gedanken einfach dort. Deswegen war er auch immer fort. Ich erinnere mich, daß ich mir manchmal Landkarten ansah und mir einen Ort aussuchte, fragte, wie man ihn ausspricht und meinen Vater dann dort hinsteckte. Meiner Mutter erzählte ich das nicht, denn wir sprachen nie über ihn. Dann erinnere ich mich, daß ich einmal in Schwierigkeiten geriet, und von da an stellte ich ihn mir nicht mehr beim Militär vor. Den Kindern in der Schule erzählte ich, er sei Soldat, und eines Tages – warum weiß ich auch nicht – entschied ich, jetzt sei er gefallen. Wir spielten bei ein paar Freunden aus der Schule zu Hause mit Spielzeuggewehren und Panzern und solchen Sachen, und einer fragte mich, was genau mein Vater beim Militär mache. Ich sagte ihm, er sei umgekommen. Einfach so. Später schaute mich meine Mutter sehr merkwürdig an, den Kopf auf die Seite gelegt. Sie war wütend; sie wollte wissen, was ich über meinen Vater gesagt hatte. Ich erzählte ihr, ich hätte nur gesagt, daß er beim Militär gewesen und gefallen sei – das *war* doch so, oder? Sie schüttelte den Kopf und befahl mir, nie wieder über ihn zu reden. Als ich älter war (ungefähr zehn, glaube ich) erzählte sie mir hie und da etwas über ihn.

Renate ist eine von zwei Schwestern, die fünf und sieben Jahre alt waren, als ihre Eltern sich scheiden ließen. Sie ist Lehrerin und unverheiratet. Sie litt an einigen nervösen Störungen und Allergien, die jetzt mehr oder weniger überstanden sind.

Barbara und ich haben immer Geschichten über Vati erfunden. Er kam nachts zurück (so spielten wir), und wenn wir alles für ein großes Abenteuer vorbereiteten – Sie verstehen schon, wie in der Geschichte von Peter Pan oder so – dann würde er kommen und mitmachen. Ich erinnere mich, daß wir immer sagten: »Wenn du böse bist, wird Vati heute Nacht nicht kommen.« Es war eine sichere Art, die andere, wenn wir wollten, zu Tränen zu treiben. Wir hörten mit diesem Spiel auf, als Barbara zehn und ich acht war, denn sie sagte, es sei zu kindisch. Doch manchmal, wissen Sie, manchmal blieben wir nachts lange in unserem Zimmer wach, wir hatten etwas zu essen für ihn mit hochgeschmuggelt. Es war nicht immer leicht, eine Ausrede zu finden, wenn Mutti uns hörte und hochkam und das Licht anknipste ... Ich kann mich nicht erinnern, wie wir uns erklärten, daß er nie kam: immer hieß es, er *würde* kommen.

Winfried ist der Jüngste von drei Kindern. Sein Vater verließ die Familie, als er zwei Jahre alt war. Sein Bruder und seine Schwester waren zwölf und vierzehn. Zweimal lief er von zu Hause fort – das zweite Mal endgültig. Er ist nicht verheiratet, hat alle möglichen Jobs gehabt und kann sich mit Offiziellem, mit Vorschriften und Gesetzen nicht abfinden. Er ist ein paarmal festgenommen worden, hat jedoch kein Strafregister. Er ist unstet, läßt sich auf Schlägereien ein, bei seinen Freunden ist er aber recht beliebt.

Ich habe meinen Vater überhaupt nie gesehen. Doch meine älteren Geschwister haben mir von ihm erzählt. Sie sagten immer, ich sei ganz furchtbar, und es sei kein Wunder, daß Vati uns im Stich gelassen habe. Das machten sie immer, wenn ich sie mit irgendetwas geärgert hatte. Ich kann mich erinnern, daß er mir einmal ein Modellflugzeug schickte, und ich sagte zu ihnen, daß er mich doch wohl mag, sonst hätte er es mir nicht geschickt. Da lachten sie nur.

Birgit ist ein Einzelkind. Etwa vom vierten Lebensjahr an wurde sie von Mutter und Tante großgezogen. Sie ist unverheiratet. Seit ihrem fünfzehnten Lebensjahr ist sie wegen verschiedener nervöser Störungen in psychiatrischer Behandlung. Sie arbeitet als Hilfssekretärin und besucht Fortbildungskurse, um sich weiterzuqualifizieren.

Ich kann mich nur vage an meinen Vater erinnern. Meine Mutter redete manchmal über ihn. Sie erzählte mir, er sei schrecklich – daß er zuviel trank, daß er in Wut geriet und dann Leute prügelte, daß er uns nie Geld gab, daß er schlecht roch ... Sie erzählte mir auch, er sei gemein zu ihr gewesen, obwohl ich mich daran nicht erinnern kann. Erst als ich siebzehn war, traf ich einen Lehrer in der Schule, der ihn gekannt hatte und mich neugierig machte, wie er wohl sei. In ein paar Monaten hatte ich ihn ausfindig gemacht und besuchte ihn. Es überraschte ihn sehr, mich zu sehen. Wir wußten nicht so recht, was wir miteinander anfangen sollten. Jetzt ist er alt und lebt alleine mit einem kleinen Hund. Er hat sich am Rücken verletzt und muß sich jetzt sehr vorsichtig bewegen. Offenbar freute er sich, mich zu sehen, doch er sah sehr bekümmert aus. Bei meinem dritten Besuch erzählte er mir, daß er versucht hatte, mich zu besuchen, als ich klein war, meine Mutter jedoch steif und fest behauptet hätte, *ich* wolle *ihn* nicht sehen, und würde immer laut schreien, wenn die Rede darauf käme. Er murmelte das so in sich hinein, und dann sah er mich an, als habe er Angst, ich sei jetzt beleidigt und würde gehen ... Wir kamen ganz gut miteinander zurecht. Ich besuche ihn jetzt ab und zu. Viel haben wir nicht gemeinsam, aber er ist ein armer alter Kerl.

Ich könnte noch von weiteren Fällen berichten. Es gibt sie in unendlich vielen Variationen. Diese Beispiele reichen jedoch aus, um zwei Dinge klarzumachen. Es besteht dabei ein großer Unterschied zwischen den beiden ersten – Jan und Renate – und den beiden letzten. Wenige Menschen würden in den *ersten* beiden Menschen sehen, die aufgrund ihrer Kindheitserlebnisse besonders unglücklich oder benachteiligt sind. Das sieht eigentlich niemand so. Sie selbst spüren, daß ihnen irgendetwas fehlt, und das hat auch seine Wirkung auf sie gehabt, jedoch keine so starke, daß es tragisch hätte enden können. Den *anderen* geht es entschieden schlechter. Beide haben immer wieder Krisen in ihrem Privatleben. Die meisten

Leute würden sie als Menschen mit Problemen einschätzen, die Hilfe brauchen.
Man vereinfacht leicht, wenn man Menschen so in Momentaufnahmen darstellt. Natürlich gibt es abgesehen von den nichtvorhandenen Vätern auch andere Faktoren, die sie beeinflußt haben, manchmal zum Guten, manchmal zum Schlechten. Doch es gibt einen signifikanten Unterschied zwischen den beiden Paaren. Die ersten beiden phantasierten kräftig über ihren Vater. Dies befriedigte ein Bedürfnis, als sie noch klein waren, mußte jedoch irgendwann einmal zu einem Ende kommen. Stück für Stück mußten sie sich mit der Realität abfinden, die der Phantasie entgegenstand, und lernen, damit zu leben. Sie waren darin teilweise – nicht völlig – erfolgreich. Dem einen half die Mutter, und die beiden Schwestern halfen sich offenbar gegenseitig. Den anderen beiden wurden Phantasien *eingegeben,* mit denen sie nicht leben konnten. Der eine wurde von der Furcht getrieben, daß er auf irgendeine Weise für die Trennung der Eltern verantwortlich sein könnte. Er erkennt zwar, daß sein Bruder und seine Schwester einfach nur auf recht grausame Weise ihre Gefühle an ihm austoben. Er erkennt das ganz logisch, kann aber dennoch nicht mit der Vorstellung leben, daß ihre Bemerkungen vielleicht ein Körnchen Wahrheit enthalten könnten. Der jungen Frau hat man, so ist sie jetzt überzeugt, ein völlig verzerrtes Bild von ihrem Vater vermittelt. Sie konnte damit nicht leben, denn es war ihr zu nah: man erzählte ihr von etwas Schrecklichem *in der Familie* und daher auch *in ihr.* Keinem dieser beiden ist offenbar von anderen, ihnen nahestehenden Personen dabei geholfen worden, das Geschehene vernünftiger einzuschätzen und das Beste aus dem zu machen, was sie jetzt hatten.
Nicht alle Leute kommen damit gut zurecht. Man muß das unbedingt unterstreichen, denn es ist offensichtlich noch keine Garantie, daß alles wunderbar wird, wenn sie ihre Kinder nur besuchen. Doch es ist sicherlich besser, wenn Sie sich zumindest die *Chance* des Erfolgs geben. Im folgenden werde ich zwei Beispiele geben, bei denen der Kontakt die ganze Kindheit

hindurch aufrechterhalten wurde. Weder in dem einen noch in dem anderen Fall hat die Person, die berichtet, irgendwelche offenkundigen Probleme, die ihr Leben ernstlich beeinflußt hätten. Es gibt allerdings Hinweise, daß sie auf Dauer von dem Kontakt mit dem nicht bei der Familie wohnenden Elternteil profitiert haben. Sie haben auf sehr unterschiedliche, jedoch recht eindrucksvolle Weise davon profitiert. Der erste Bericht stammt aus einem Interview mit einer Frau, die ihren Vater sehr bewunderte.

Luise ist Anfang zwanzig, unverheiratet, sie besitzt einen Universitätsabschluß. Mit Erfolg hat sie eine geschäftliche Laufbahn eingeschlagen. Sie ist beliebt und interessiert sich für alle möglichen Dinge, unter anderem für Sport und die Arbeit für wohltätige Zwecke. Sie hat ein sehr selbstbewußtes Auftreten, einen starken Charakter und kann gut mit Leuten umgehen.

Ich genoß es immer sehr, wenn ich mich mit meinem Vater traf. Es war weniger das, was wir taten, sondern einfach die Tatsache, hinauszukommen und ihn zu sehen und wieder mit ihm anzuknüpfen. Ich schnorrte immer wie verrückt Süßigkeiten und Eis von ihm, und ich erinnere mich, daß ich manchmal sagte, wir müßten *unbedingt* das oder jenes tun oder *unbedingt* diesen oder jenen Film ansehen. Es ist mir jetzt richtig peinlich, wenn ich daran denke! Doch ich meine, er war sehr geduldig, und er war gutmütig dabei – auch wenn er sehr laut »Nein!« sagte. Er konnte mich immer zum Lachen bringen. Es war richtig gut, ihn zu treffen, einfach nur, um mich von meiner schlechten Laune ablenken zu lassen. Ich freute mich auf die Wochenenden, wenn er kam, denn ich wußte, daß wir dann alles besprechen konnten, was in der Schule schiefgelaufen war, und daß er mir helfen würde. Mit ihm war es viel leichter als mit Mutti, obwohl ich die natürlich auch sehr lieb habe.

Es gab Sachen, die waren mit Mutti einfacher zu bereden – Sie können sich vorstellen was – doch es gab andere Dinge, die wollte ich mit *ihm* besprechen. Zum Beispiel Muttis zweiten Mann. Wir kommen einfach nicht miteinander aus. Vati gab mir einige gute Ratschläge, wie ich mich taktvoll verhalten sollte, und das brauchte ich auch.

Jetzt liegt er im Krankenhaus, und ich muß *ihn* besuchen gehen. Ich verdanke ihm viel, denn ihm ist zuzuschreiben, daß ich immer beide Eltern hatte, auch wenn sie geschieden waren.

Der Mann, der das folgende Kurzinterview gab, hatte eine sehr andere Sicht von seinem Vater. Paul ist Ende zwanzig, er lebt mit seiner Partnerin und seinem Kind. Als erfolgreicher aktiver Gewerkschaftler fühlt er sich politisch gebunden. Er wird als Anführer respektiert, jedoch »geliebt und gehaßt«.

Ich stand immer in Konkurrenz zu meinem Vater. Wenn er mir etwas auf die eine Weise zeigte, versuchte ich immer herauszufinden, wie man es anders machen könne, nur um anders zu sein. Wir stritten uns viel, und wir kamen nicht immer miteinander aus. Ich erinnere mich, daß ich mit dreizehn oder vierzehn beinahe alles kritisierte, was er sagte.

Doch es war immer besser, wenn er da war. Manchmal sah ich ihn ein oder zwei Monate lang nicht, und mein Bruder sagt, daß es mit mir dann kaum auszuhalten war, weil ich es an jemandem auslassen mußte. Ganz egal, was für Pläne er hatte und wohin er mich ausführen wollte, ich stritt mit ihm darüber; doch es war immer viel besser, wenn er kam, als wenn er nicht kam. Als ich siebzehn war, entschied ich, jetzt hätte ich genug von ihm und seinen bürgerlichen Idealen. Ich zog auch von zu Hause weg. Zu gemütlich, zu stickig ... ich besuche sie jetzt manchmal. Sie sind ganz in Ordnung, aber sie sind langweilig und ändern sich nicht mehr. Man braucht Eltern, wenn man jung ist, davon bin ich überzeugt. Es war gut für mich, daß ich sie beide sah, das ist sicher. Doch dann muß man einfach sein eigenes Leben leben.

Diese beiden Menschen – deren Ansichten stark voneinander abweichen – sind fest davon überzeugt, daß sich das Leben lohnt und daß sie etwas Gutes in ihrem Leben tun werden. Sie sehen eher die Gelegenheiten die sie haben, nicht die Probleme. Es macht kaum einen Unterschied, daß die eine im Rahmen des gesellschaftlichen Umfelds arbeiten will, in dem sie sich entwickelt hat, während der andere es radikal verändern will. Beide haben Ideale, beide sind aktiv und beide sind voller Zuversicht. Ihre Väter hatten jeweils etwas zu der Art beizutragen, wie sie ihre Fortschritte machten. Es ist sehr schwer, sich vorzustellen, daß sie *genauso* geworden wären, wenn es den einen oder anderen dieser väterlichen Einflüsse nicht gegeben hätte.

Ob Paul zugeben würde, daß sein Vater ihn beeinflußt hat, ist fraglich. Doch er hat das Gefühl, daß er von dessen Zuwendung und Hilfe profitiert hat. Es ist auch bemerkenswert, daß Paul offenbar sehr strenge Maßstäbe hat, was es heißt, Vater zu sein: er verbringt viel Zeit mit seinem eigenen Kind. Seine Familie ist sehr unkonventionell, doch sie haben alle ein sehr enges Verhältnis zueinander. Er erweckt den Eindruck, als wende er einige wichtige Dinge an, die man ihm gezeigt hat, während er gleichzeitig den von der Gesellschaft geforderten Dingen, die nur »zur Schau« da sind, kritisch gegenübersteht.

Wenn Sie überzeugt davon sind, daß Sie als Wochenendvater bzw. -mutter etwas Gutes tun können, dann lohnt es sich, wenn Sie sich einmal über ein paar Dinge Gedanken machen.

Vor allen Dingen müssen Sie anerkennen, daß Sie nur einer von zwei Elternteilen sind und daß der *andere* Elternteil den engeren Kontakt zu dem Kind hat. Daran ist nun einmal nichts zu ändern. Die Chancen, daß Sie den entscheidenden Einfluß auf das Leben Ihres Kindes haben werden, stehen relativ schlecht, wie erstrebenswert sie so etwas auch finden mögen. Sehen Sie das einmal aus der Sicht des Kindes. Ihr Kind muß den Bruch in der Familie doch einfach bedauern, und das wird es auch dann noch tun, wenn es rein verstandesmäßig die Gründe nachvollziehen kann. Sie sind derjenige, der sich davongemacht hat, der weniger zuverlässige Elternteil, derjenige, der das Kind vielleicht nicht mag, möglicherweise der Gegenstand immer wiederkehrender kritischer Bemerkungen was Geld, die Wohnverhältnisse, die gesellschaftlichen Möglichkeiten und den Katzenjammer angeht, der vielleicht nach der Scheidung als solcher noch besteht. Das ist eine ernstzunehmende Benachteiligung für das Image, das Sie bei Ihrem Kind haben.

Einige Wochenendeltern befürchten das, und machen dann einen grundlegenden Fehler. Sie meinen, daß sie das »Image«-Problem direkt angehen müssen, um auf diese Weise wieder alles in den Griff zu bekommen bzw. im Herzen ihres Kindes wieder den ersten Platz einzunehmen. Das geht fast immer schief. Jeder Angriff auf die Loyalität gegenüber dem Elternteil, der bei dem Kind geblieben ist, *bestätigt* nur dessen Sichtweise. So etwas kann gut in das Bild passen, das zu Hause gezeichnet wird, nämlich daß diesem Menschen einfach nicht zu trauen ist, und macht immer schon im voraus empfänglich für Kritik. Es ist für das Kind nur ein weiterer Beweis für den Bruch zwischen Vater und Mutter. Wenn solche Feindseligkeiten immer wieder eröffnet werden, kommt es zu einem erneuten Bedauern der Verhältnisse.

Was einen Einsatz *wirklich* lohnt, ist das Aufbauen positiver Beziehungen; wecken Sie bei Ihrem Kind das Gefühl, daß es Sie alles fragen, jeden Rat und jede Hilfe suchen kann. Das gelingt nicht in einem Direktangriff. Es ist sinnlos, den Einfluß eines anderen Menschen erschüttern zu wollen, wenn es nicht klar ist, daß Sie etwas Handfestes dafür anzubieten haben.

Ihr Kind muß Sie unter seinen eigenen Bedingungen sehen und beurteilen. Es muß für das Kind gut sein, sich mit Ihnen regelmäßig zu treffen. Sie sollten jemand sein, der versucht zu helfen und mit dem man gerne zusammen ist. Wenn Ihr Kind heranwächst, wird es – wie alle anderen Kinder auch – grundlegende Entscheidungen über seine zukünftigen Beziehungen zu Erwachsenen fällen, die es gekannt hat. Wenn es erst einmal sechzehn ist, gibt es keinerlei Verpflichtung, überhaupt bei einem Elternteil zu leben bzw. ihn oder sie zu treffen. Dies erschreckt viele dann, wenn die Kinder ihre Unabhängigkeit wünschen, und kann auch in Ihrem Fall geschehen, ob es Ihnen nun gefällt oder nicht. Die einzig vernünftige Vorkehrung, die Sie dagegen treffen können, wenn Sie den Kontakt zu Ihrem Kind bis zu diesem Punkt und darüber hinaus aufrechterhalten wollen, ist die, jemand zu *sein,* den zu kennen es sich lohnt. Die folgende Tabelle stellt gegenüber, was dabei wenig hilfreich ist und was sich tatsächlich lohnt.

Was Sie nicht tun sollten

Sprechen Sie sich nie direkt gegen etwas aus, was der andere Elternteil gesagt hat.

Versuchen Sie nie, den anderen bei Ihrem Kind herabzusetzen.

Versuchen Sie nie, Ihr Kind davon zu überzeugen, daß Ihre Sicht der Dinge die einzig richtige ist.

Reagieren Sie nie auf jede kleine Kritik seitens Ihres Kindes oder des anderen Elternteils gleich defensiv.

Predigen Sie keine besonderen religiösen, moralischen oder gesellschaftlichen Grundsätze, von denen Sie wissen, daß sie den Ansichten zu Hause widersprechen.

Versuchen Sie nicht, Ihre Probleme durch das Kind zu lösen.

Was Sie tun sollten

Hören Sie auf das, was Ihr Kind zu sagen hat, und zeigen Sie ein freundliches Interesse dafür.

Beantworten Sie Fragen so, daß es das Gespräch weiter bringt, d. h. ohne daß Sie sich gebieterisch aufführen.

Achten Sie auf jedes Problem, bei dem Sie vielleicht helfen können.

Seien Sie auf einer glaubwürdigen und verläßlichen Basis greifbar.

Zeigen Sie, daß Sie Ihre eigenen Maßstäbe haben und daß Sie, auch wenn dies andere sind als die zu Hause, zumindest konsequent sind.

Genießen Sie die Zeit, die Sie zusammen haben, statt hier eine Gelegenheit zu sehen, dem Kind Eindruck zu machen oder es zu etwas zu überreden.

Es gibt noch eine andere Falle, in die Sie nicht gehen dürfen, und zwar: wenn Sie keine Zeit für Ihr Kind haben, so können Sie nicht erwarten, daß das mit Geld wieder gutzumachen ist. Es gibt viele Beispiele von Eltern, die das Gefühl haben, daß sie ihr Kind nicht oft genug besucht haben oder nicht da waren, um Dinge mit ihm durchzusprechen. Sie wollen das wieder gut

machen, doch der Kontakt ist abgerissen, und es gibt zwei große Hindernisse auf dem Weg, ihn wieder herzustellen: die Zeit dazu fehlt, und es ist schwierig, sich mitzuteilen. Diese Eltern legen ihre ganze Hoffnung in Gegenstände – Spielzeugeisenbahnen, Fahrräder oder schnödes Bargeld. Normalerweise werden Sachen dem Geld vorgezogen, weil dann wenigstens die Chance besteht, sich zu sagen: »Jedesmal wenn er es ansieht, denkt er an mich.« Das ist der reinste Selbstbetrug. Es ist oft ein schlimmer Augenblick, wenn der Elternteil, der nicht bei den Kindern wohnt, sich erkundigt, wie das Kind mit dem teuren Spielzeug zurechtkommt, das er zu Weihnachten geschickt hat – nur um feststellen zu müssen, daß völlig in Vergessenheit geraten ist, was von wem stammt.
Was ein Kind tatsächlich unter diesen Umständen lernt, ist meilenweit von dem entfernt, was der Vater oder die Mutter erwartet. Es ist auf jeden Fall nicht: »Das ist ein toller Vater, er macht so großzügige Geschenke, und er ist so aufmerksam und sucht mir so schöne Sachen aus«, sondern eher: »Den kriege ich schnell herum, wenn ich etwas Neues will.« Das ist eigentlich auch ganz klar. Wenn Sie mit Ihrem Sohn oder Ihrer Tochter so umgehen, daß Geld und Dinge anstelle von Kommunikation treten, warum sollte er oder sie sich das nicht zu eigen machen und es an Ihnen ausprobieren?
Rolf sah seine Kinder – mit denen er seit Jahren nicht mehr zusammenlebte – zwar lächeln und »Danke« sagen. Das war aber auch alles.

Als ich sie verließ, hatte ich nicht viel Geld. Ich schickte, was ich konnte, doch wenn ich die Kinder sehen wollte, wurde ich immer um mehr gebeten, als ich hatte. Also ließ ich es bleiben. Ab und an sah ich sie, aber das war selten genug. Dann hatte ich endlich Glück. Zu der Zeit waren sie zwölf und dreizehn, und ich gab mir große Mühe, mit ihnen auszukommen. Geld war kein Problem mehr. Aber der Wunsch, mit ihnen zu reden oder sie dazu zu bringen, mir etwas zu erzählen oder in mir einen Freund zu sehen, der ihnen helfen will...
Ich kaufte ihnen ein paar ganz ordentliche Sachen. Ich fragte sie, was sie gerne haben wollten, und sie sagten es mir. Wenn ihnen etwas einfiel, schrieben sie es mir oder riefen mich an und sagten, was sie

wollten. Nur war es immer schwierig, sich zu treffen – entweder klappte es bei ihnen nicht oder ich konnte nicht. Schließlich kam ich wieder zu Verstand und stellte fest, daß sie käufliche kleine Mistkerle waren, die in mir den leibhaftigen Weihnachtsmann sahen.

Rolf änderte schließlich seine Taktik. Es hat nicht immer funktioniert, und es war auch nicht immer alles vollkommen. Eine Zeitlang mußte er sehr viel Geduld aufbringen. Als ihnen klar wurde, ein Anruf von ihrem Vater hieß nicht die Nachfrage, was er ihnen als nächstes schenken sollte, sondern war einfach ein Gespräch mit beiläufigen Fragen und Antworten, ein Austausch von Informationen und Gefühlen, wurden seine Kinder ziemlich kühl und schienen wenig Zeit für ihn zu haben. Doch am Ende trafen sie sich und redeten miteinander und fingen an, sich gegenseitig besser zu verstehen. Kinder sind so, wenn es nicht eine wirklich große ermotionale Barriere gibt. Sie bewundern Beharrlichkeit und schätzen es, wenn jemand versucht, zu ihnen durchzudringen.

Einen Fehler hätte Rolf machen können, doch er tat es nicht. Wenn Eltern plötzlich wieder zu Verstand kommen und feststellen, daß man sie ausgebeutet hat, daß sie nur Geld und Sachen geben sollten, verlegen sie sich manchmal aufs Verhandeln. Zum Beispiel so: »Gut, du kannst das Skateboard haben, aber du mußt herkommen und es abholen. Wir werden es uns ein bißchen nett machen, nicht wahr? Und vergiß nicht, du wirst auch bei mir Kaffee trinken.«

Dies kann ihnen mehr direkte Konfrontation einbringen. Doch es legt keineswegs eine Grundlage für eine langfristige Beziehung. Freunde auf lange Zeit müssen nicht um die Gesellschaft des anderen feilschen. Wenn Sie sich so ausdrücken, begeben Sie sich selbst auf die Stufe der Käuflichkeit. Sie setzen den Wert der Zeit, die Sie miteinander verbringen, in Form von Geschenken oder ähnlichem fest. Das Kind lernt daraus, daß bei Ihnen Dinge wie die Freundschaft einen Preis haben.

Auf diese Weise werden Ihre Kinder Ihre Werte so widerspiegeln, wie sie aus Ihren Handlungen ersichtlich werden.

Materielle Zeichen der Zuneigung sind also nicht genug. Sie

sind einfach eine Art, sich von den Schuldgefühlen loszukaufen, oder die Probleme und die Angst zu umgehen, die ein Treffen mit sich bringt. Der Versuch, die Achtung der Kinder zu erkaufen, schafft die falsche Voraussetzung für einen Kontakt, der etwas bedeuten soll. Es gibt keinen Ersatz dafür, daß Ihre Kinder Sie sehen können, daß Sie verfügbar sind, und daß Sie sich interessante Dinge überlegen, die Sie und die Kinder gerne zusammen machen würden.

Eine Frage, die viele nicht bei den Kindern wohnende Väter und Mütter bewegt (viele von ihnen regen sich dabei jedoch zu sehr auf, um sie in den Griff zu bekommen), ist folgende: Wenn ich den Kontakt zu meinen Kindern aufrechterhalte, werden sie mich dann auch weiterhin gern haben und so sein wollen wie ich, *obwohl* es jetzt oder in der Zukunft einen Stiefvater (oder eine Stiefmutter) gibt?

Das ist ein äußerst unbequemer Gedanke. Es genügt nicht, zu sagen, das hätten sie sich überlegen sollen, bevor sie sich getrennt haben. Es ist die natürliche Reaktion, auch weiterhin Einfluß auf die Kinder haben und die Beziehung intakt halten zu wollen. Niemand ist über die Vorstellung erfreut, daß ein »Fremder« in das Leben des Kindes kommt, die Autoritätsrolle an sich reißt, die ganze Zuneigung einstreicht, den zukünftigen Erwachsenen formt. Wie sehr Sie auch versuchen, dabei objektiv oder gerecht zu bleiben – z. B. mit einer Einstellung wie: »Der Neue muß doch fair behandelt werden« – im Grunde Ihrer Seele lehnen Sie sein Eindringen ab und neiden dem Eindringling, daß er mehr Möglichkeit hat, sich an der Gesellschaft Ihrer Kinder zu freuen.

Ich glaube, es lohnt sich, diese Gefühle als das anzuerkennen, was sie sind, und nicht zu versuchen, sie mit Plattheiten zu überdecken. Auf diese Weise ist es weniger wahrscheinlich, daß Sie sauer reagieren oder abfällige Bemerkungen machen, wenn das Gespräch mit den Kindern auf diese Person kommt. Solche Töne merken sie schnell. Es kann sie verängstigen, ihre Befürchtungen teilweise bestätigen und ist sicher nicht geeignet, sie glücklich zu machen. Wieder einmal werden die Kinder das Gefühl haben, daß sie das Seil sind, an dem die beiden Parteien ziehen.

Der springende Punkt ist also, daß Ihr Ziel, als Wochenendvater den Kontakt zu Ihren Kindern zu sichern und aufrechtzuerhalten, unrealistisch sein wird, wenn es für Sie ein Kampf gegen Ihre frühere Frau oder sonst jemanden ist. Denn in Wirklichkeit sind Sie nicht in der Position, noch irgendwelche großen Kämpfe zu gewinnen. Und lohnen sich diese denn eigentlich? In seltenen Fällen, wenn sich zum Beispiel herausstellen sollte, daß eine solche Person kriminell ist, ja, dann werden Sie sorgfältig beobachten müssen was geschieht, bei Sachverständigen Rat einholen und kämpfen. Doch im allgemeinen blühen Familien und Kinder geradezu auf, wenn alles friedlich ist.

In Ihrem Fall bietet sich Ihrem Kind vielleicht die gute Gelegenheit, daß es mit vier Menschen umgeht, von denen jeder ganz besondere Begabungen zu bieten hat. Es kann davon profitieren, wenn es bei jedem der beiden Paare das unterschiedliche Verhalten der einzelnen kennenlernt. Es wird ein größeres Spektrum an Themen, Ansichten und Verhaltensweisen kennenlernen als ein Kind in einer sogenannten »normalen« Familie. Es gibt also neben den unangenehmen Gefühlen, die Ihr Kind während der Zeit der Scheidung durchmachen muß, auch eine positive Seite. Ihr Kind hat ein Recht auf die positive Seite und alles, was ihm diese bringen kann.

Doch es kommt sehr wesentlich auf *Sie* an. Ein Kind kann sich nicht den angenehmen Dingen zuwenden, wenn es Ablehnung oder Vernachlässigung empfindet. Sie haben vielleicht Ihre Ehe nicht geschafft. Doch Sie haben es in der Hand, Ihre Scheidung zu einem Erfolg zu machen.

3 »Meine Güte, hast du dich verändert...«

Kinder bleiben nie gleich. Wie fest Sie auch als Vater oder als Mutter davon überzeugt sein mögen, daß Ihr Kind im Grunde von Woche zu Woche die gleiche Person bleibt, es finden doch ständig kaum merkbare Veränderungen statt. Die Hälfte dieser Veränderungen fallen den Eltern kaum auf, sogar wenn sie mit dem Kind zusammenleben. Einige überraschen allerdings einen Elternteil, besonders wenn er *nicht* mit dem Kind zusammenlebt.

Der Elternteil, der mit dem Kind wohnt, hat den Vorteil, ihm dabei zuschauen zu können, wie es sich Stück für Stück entwickelt. Das nicht nur einfach deswegen, weil es im Gegensatz zu dem wöchentlichen oder vierzehntägigen Besuch des ausgezogenen Elternteils zu seiner Alltagserfahrung gehört. Es hat auch damit zu tun, daß man die Reaktionen eines Kindes zu verschiedenen Tageszeiten und unter verschiedenen Umständen – beim Essen, mit Freunden, im Beisein von Besuchern, wenn man Fremde trifft – und in verschiedenen Stimmungen beobachten kann. Eltern, die mit ihrem Kind leben, wissen nur zu gut, was der Unterschied zwischen einem glücklichen und einem traurigen Tag ist, und wie sich das Kind verhält, wenn es sich aufregt, enttäuscht ist, launisch, verwirrt, müde... In anderen Worten, die Hinweise, die Eltern erkennen lassen, daß ihr Kind sich auf ganz bestimmte Weise entwickelt, sind umfassender und zahlreicher, wenn sie den größten Teil der Zeit in der Nähe des Kindes verbringen.

Der Elternteil, der nicht bei dem Kind ist, neigt dazu, seinen Eindruck anhand von Momentaufnahmen zu bilden. Da sie häufig eine festgelegte Szene durchspielen, wenn sie sich treffen, gibt es bei dem Elternteil wie auch bei dem Kind jedesmal ein Gefühl des Gewohnten – es sei denn, es hat nur

sehr sporadische Besuche gegeben. Sie beide haben in dieser festgelegten Szene ihre Rolle zu spielen, eine wichtige Rolle, die sie auch zu würdigen wissen, die jedoch häufig nicht die Zeit läßt, das miteinzubeziehen, was hinter der Bühne abläuft.
Das ist anders, wenn Ihr Kind sich angewöhnt hat, sich immer dann zu melden, wenn es *ihm* paßt, wenn es anruft und Sie fragt, ob es Sie besuchen kann, oder wenn es einfach vorbeikommt. Wenn der Kontakt zwischen Ihnen so frei und ungezwungen ist, besteht eine größere Chance festzustellen, wo Fortschritte gemacht worden sind und welche Verhaltensprobleme sich abzeichnen. Das kommt jedoch immer noch verhältnismäßig selten vor, obzwar es einen dahin gehenden Trend gibt.
In beiden Fällen müssen die Eltern dem Besuch zustimmen und ihn zu einer Zeit einrichten, die beiden paßt – vielleicht geschieht das sogar durch einen Mittelsmann. Das Treffen wird also mehr als ein *Ereignis* organisiert und nicht als normal fortdauerndes Alltagsleben. Sie und Ihr Kind bereiten sich darauf vor. Das sieht entsprechend dem Alter des Kindes und seiner Persönlichkeit natürlich verschieden aus. Und es kann sehr unterschiedlich sein, wenn es mehrere Kinder gibt. Doch vorrangig und abgesehen von diesem Unterschied wollen Elternteil und Kind dieses Ereignis auf vorhersehbare, beständige und angenehme Weise verleben. Die beste Gewähr dafür bietet es, wenn man den Treffen einen bestimmten Verlauf gibt und eine Stimmung dabei vorherrschen läßt, die alle vierzehn Tage so gleichbleibend wie möglich sein soll. Vielleicht hat es in der Zwischenzeit in Ihrem Leben viele Veränderungen gegeben: wenn Sie beide sich treffen, sollten Sie sich an Festes halten.
Doch immer wieder finden Veränderungen statt. Die Kluft zwischen der Art und Weise, wie sich Ihr Kind regelmäßig bei den Besuchen benimmt, die ja etwas Besonderes sind, und dem, was es wirklich empfindet, was seine wirklichen Interessen sind und wie es die Trennungssituation einschätzt, wird so tief, daß es zu einem Gefühlsausbruch kommt. Gewöhnlich hat

das Kind selbst wenig Kontrolle darüber. Es befindet sich in einem Zwiespalt: zum Teil möchte es, daß die Besuche in ihrer angenehmen Routine so weitergehen, da sie eine wichtige Dimension seines Selbst bestätigen. Andererseits stellt es viele Dinge in Frage, die früher selbstverständlich waren. Es fällt ihm vielleicht plötzlich äußerst schwer, nicht mehr so viel Freizeit mit seinen Freunden zu verbringen. Vielleicht muß es entsprechend seinem Entwicklungsstadium viel mit einem bestimmten Freund zusammensein. Kinder, die emotional schon ziemlich reif sind, können ganz gut mit zwei derart konfligierenden Anforderungen fertigwerden. Doch das ist selten, meist wird ihnen nicht klar, warum sie so anders empfinden, und sie können mit dem Konflikt nicht richtig umgehen.

In einigen Fällen kommt es zu einem offenen Ausbruch. Plötzlich gibt es während des Besuchs einen alarmierenden Umschwung und das Kind benimmt sich schlecht. Aus keinem ersichtlichen Grund tut es vielleicht Dinge, von denen es ganz genau weiß, daß Sie sie nicht mögen. Hierzu kann man auch rechnen, wenn es überhaupt mit dem Besuch als solchem nicht mehr einverstanden ist. Eines Tages kommt es vielleicht zu der schlichten Weigerung, sich mit Ihnen zu treffen. Ein nicht so offensichtlicher Ausbruch, der jedoch nicht weniger real ist, sind mysteriöse Kopfschmerzen oder andere Erkrankungen – die manchmal sehr deutliche Symptome zeigen –, die verhindern, daß der Besuch stattfindet.

Man macht es sich zu einfach, wenn man bei einer solchen Gelegenheit nach einer naheliegenden Erklärung sucht und zum Beispiel auf etwas Beunruhigendes verweist, das an jenem Tag oder in der vergangenen Woche geschehen ist. »Du hast bestimmt etwas gesagt, das ihn aufgeregt hat«, ist die Anschuldigung, die Eltern nur zu logisch erscheint, ob sie nun gegen die eine oder die andere Seite gerichtet ist. Tatsächlich jedoch hat es möglicherweise eine entscheidende Einstellungsänderung gegeben, die für jeden, der das Kind regelmäßig beobachtet, klar gewesen wäre, die jedoch jemandem, der nur dessen

wohleingespieltes Verhalten jedes zweite Wochenende vor Augen hat, einfach entgehen muß.
Hier sind einige Beispiele für eine so plötzlich auftretende Veränderung, daß sie beide Teile der getrennten Familie überraschte. Danach folgt eine Analyse einiger der bei Kindern üblichen Veränderungen und der Muster, nach denen sie vielfach ablaufen. Wenn Sie diese kennen, fällt es Ihnen oft leichter, auf Anzeichen dafür zu achten, daß Sie jetzt anders mit dem Kind umgehen sollten, und Sie verstehen eher, warum das so ist.

Sandra

Sandra ist jetzt Anfang zwanzig. Als ihre Eltern sich trennten, war sie acht. Anscheinend genoß sie die vierzehntägigen Besuche ihres Vaters und die damit verbundenen Ausflüge. Es gab keine Anzeichen dafür, daß sie ihn meiden wollte.
Entsprechend der Jahreszeit und dem Wetter unternahmen sie bei diesen Besuchen alles mögliche. Im Sommer gingen sie ins Schwimmbad oder in den Zoo, und anschließend Kaffeetrinken. An einem kälteren Samstag gingen sie in ein Museum, besuchten für ein paar Stunden die Schwester ihres Vaters und spielten dort Monopoly oder sahen fern.
Sie plauderten zwanglos miteinander (meistens jedenfalls) und es gab sehr wenige Verhaltensprobleme, die den Nachmittag hätten trüben können. Wenn sie sich über etwas stritten, so meist darüber, wieviel Portionen Eis sie zwischen zwölf und sechs Uhr essen dürfe, oder welches Geschenk sie zu Weihnachten erwarten könne. Es gibt kaum Familien, in denen nicht solche Streitereien vorkommen.
Manchmal fragte sie ihn Dinge wie: »Wie geht es dir jetzt so, Papi?« und er erzählte ihr dann ein bißchen von seiner Wohnung und seiner Arbeit. Er hingegen fragte sie nach der Schule, nach ihrem Hund und dem Tanzunterricht, und sie versicherte ihm gewöhnlich: »Alles ganz prima!« Sie gingen

liebevoll miteinander um: am Anfang und am Ende jedes Besuchs gab Sandra ihrem Vater einen dicken Kuß und richtete es meist so ein, daß er sie irgendwann im Lauf des Tages einmal auf den Arm nahm. Doch sie kamen sich nie besonders nahe und redeten kaum einmal über irgendwelche wirklichen Probleme. Als Sandra ungefähr elfeinhalb war, verspürte sie jedesmal kurz vor den Besuchen diesbezüglich eine gewisse Unruhe. Hier ihre eigenen Worte:

Etwa ein Jahr lang fand ich die Vorstellung schrecklich, mit meinem Vater auszugehen. Das Seltsame daran war die Tatsache, daß alles in Ordnung war, wenn wir dann tatsächlich zusammen waren. Doch zuvor hatte ich immer schreckliche Kopfschmerzen oder schützte bei Mami als Entschuldigung vor, daß wir endlich einmal wieder Oma besuchen müßten. Ich versuchte wirklich alles. Und ich war *tatsächlich* krank, wissen Sie.

Auch ihr Vater erinnert sich sehr genau an diese Zeit:

Zuerst dachte ich, Margarete – meine frühere Frau – versuche, den Besuchen einen Riegel vorzuschieben. Sie sagte mir am Telefon oder wenn ich an die Haustür kam, Sandra sei plötzlich krank geworden oder zu aufgeregt, um mich zu treffen. Und ich *wußte* doch, daß wir viel Spaß miteinander gehabt hatten. Als es immer schwieriger wurde und ich sie immer seltener sah, befürchtete ich, das sei ein Versuch, mich überhaupt von der Bildfläche verschwinden zu lassen.

Er ging zu seinem Anwalt, und der riet ihm, bei allem so ruhig wie möglich zu bleiben. Er solle Sandra nicht direkt danach fragen, ob ihre Mutter sie unter Druck setze, die Besuche zu verweigern. Und er solle versuchen, die Besuche an unterschiedlichen Tagen und zu unterschiedlichen Zeiten einzurichten, weiterhin versuchen, Sandra zu sehen, und sich wieder an den Anwalt wenden, wenn die Dinge sich nicht langsam besserten.

Er versuchte, sich an diesen Rat zu halten. Doch schließlich konnte er sich nicht länger zurückhalten, er mußte Sandra einfach eines Nachmittags, als sie durch den Park gingen, so beiläufig wie möglich fragen: »Sag mal, Sandra, will Mami

eigentlich nicht mehr, daß wir etwas zusammen unternehmen?«
Sie sah ganz besorgt drein und murmelte: »Das ist ihr egal.« Er wußte nicht, was er davon halten sollte, und hatte das Gefühl, besser die Sache nicht weiter zu verfolgen. Sie hatten nicht viel Erfahrung darin, sich ihre Gefühle mitzuteilen.
Es gab nicht nur Verdächtigungen von der einen Seite. Sandra erinnerte sich, daß ihre Mutter sie eines Samstagsmorgens sehr ernst ansah – sie hatte protestiert, ihre Halsentzündung und Erkältung seien so schlimm, daß sie keinesfalls mit ihrem Vater ins Freie gehen könne – und sie fragte: »Was tut er denn bloß, was du nicht magst?« Als sie den Kopf hängen ließ, meinte ihre Mutter noch: »Nun komm, du kannst es Mami doch erzählen.« Sandra kann sich an ihre Antwort nicht mehr erinnern – nur daß es ihr peinlich war.
Inzwischen hatten einige Veränderungen stattgefunden, mit denen niemand so richtig fertig wurde. Erstens stand Sandra kurz vor der Pubertät, und es war ihr nicht ganz klar, was da mit ihr geschah und wie sie ihrem Vater gegenüber reagieren sollte. Sie zeigte ihm weiterhin demonstrativ ihre Zuneigung, denn das war das eingespielte Muster zwischen ihnen. Doch irgendwie stimmte ihr Gefühl dabei nicht. Sie wollte nicht mehr mit ihm herumtoben und wollte in seinen Augen jemand anderes sein. Sie konnte sehen, daß viele ihrer Freunde sich ziemlich veränderten und Menschen wurden, die ihre Gefühle auf eine erwachsene Weise, reservierter, zeigten. Es war in der Tat kaum vorstellbar, wie sie ihre Beziehung zu dem Vater weiterentwickeln sollte, den sie zwar regelmäßig, jedoch nur kurz traf, und das in einer immer gleich bleibenden Umgebung.
Dann gab es da noch die Frage der Loyalität, um die sie sich bislang nie sonderlich gekümmert hatte. Als sie jünger war, hatte sie keinerlei Probleme dabei, sich mit der Mutter auf die eine und mit dem Vater auf die andere Weise zu vergnügen. Sie erinnert sich, in dieser früheren Zeit zu ihren Freunden in der Schule gesagt zu haben, sie habe doch wirklich Glück, daß sie ihren Geburtstag gleich zweimal feiern könne: am Freitag mit

ihrer Mutter und am Samstag mit ihrem Vater. Sie hatte sich nie sonderlich dafür interessiert, wer nun die Schuld an der Scheidung gehabt hatte, und sie wurde auch nicht dazu ermuntert, sich dafür zu interessieren. Es tat ihr leid, als ihr Vater wegzog, und manchmal fragte sie sich, warum er das wohl getan hatte.

Jetzt als sie älter war, erkannte sie, daß diese Trennung Schmerz und Bitterkeit mit sich gebracht hatte. In der Tat gab es immer noch allerhand Schmerz und Bitterkeit. Früher war es ihr viel leichter gefallen, es mit beiden Seiten zu halten. Mit elf allerdings bedrückte sie das Problem von Recht und Unrecht, und daß sie alle zwei Wochen die Seite wechseln mußte. Nichts war natürlicher, als daß ihre Mutter, mit der sie zusammenlebte, die ihr vertraut und lieb war, »recht« hatte – und nicht »unrecht«. Je älter und weiblicher Sandra wurde, umso stärker fand sie, daß sie auf diese Seite gehörte. Die echte Freude, die sie immer noch verspüren konnte, wenn sie mit ihrem Vater zusammen war, führte zu Schuldgefühlen. Ohne daß sie genau wußte warum, versuchten ihr Bewußtsein und ihr Körper es so einzurichten, daß sie die vierzehntägigen Besuche nicht mehr zu machen brauchte und so die Schuldgefühle loswurde.

Eine Veränderung anderer Art, die Sandra beeinflußte, war nicht so sehr auf bestimmte Einstellungen zurückzuführen, sondern auf ein neu entwickeltes Bedürfnis. Sandra unternahm auch gerne Dinge, die ihren Freunden Spaß machten. Doch diese konnten ihre Aktivitäten für Samstagnachmittag planen; es gab für sie keine vierzehntägigen Samstagsbesuche, und sie wußten, daß man immer auf sie zählen konnte. Sandra verabredete ein Treffen mit ihnen und schlug vor, etwas miteinander zu unternehmen, weil sie mit ihnen zusammensein wollte; ab und zu jedoch konnte sie diese Verabredung nicht einhalten, weil sie sich mit ihrem Vater treffen mußte. Ihre Freunde hatten ihr gegenüber noch einen weiteren Vorteil: sie konnten einfach einander treffen und herumhängen. In den Augen vieler Eltern hat diese Art, sich die Zeit zu vertreiben, nicht gerade einen großen erzieherischen oder Unterhaltungswert. Doch Jugendliche mögen dieses offenbar planlose Zeittotschlagen, bei dem sie manchmal nur auf einer Mauer sitzen und besprechen, was sie tun *könnten* – wenn es nur nicht regnen würde, oder wenn sie mehr Zeit oder Geld hätten, oder wenn andere Freunde da wären. Manchmal kommunizieren sie auch so miteinander, daß sie Musik spielen, die alle kennen und bei der sie das Gefühl haben, daß sie *ihnen* näher ist als den Leuten aus einer anderen Generation. Eigentlich erforschen sie so die gegenseitigen Gefühle und Reaktionen und versuchen herauszufinden, was bei den anderen ähnlich ist und wo sie sich voneinander unterscheiden. Und sie tun dies ganz zwanglos.

Es gab keinen begeisterten Lehrer, der sich einschaltete und jedem in dieser Geschichte zeigte, wie er oder sie die Dinge für sich und alle anderen erleichtern konnte. Einiges davon wurde später klarer. Währenddessen jedoch machte Sandra es sich und ihrem Vater fast ein Jahr lang schwer, Zugang zueinander zu finden. Danach folgte eine Pause von fast sechs Monaten; sie weigerte sich jetzt direkt, etwas mit ihm zu tun zu haben. Weihnachten brachte eine teilweise Versöhnung, doch sie war gut vierzehn Jahre alt, bevor sie sich wieder einverstanden erklärte, sich ab und zu mit ihm zu treffen. Das bedeutete jedoch nicht, daß ihre grundlegende Bindung zu dem Vater gestört war. Und es ging jetzt auch nicht darum, ein Verhaltensmuster zu wiederholen, ohne irgendwelche Kontrolle darüber zu haben. Wenn sie etwas mit ihren Freunden vorhatte, rief sie ihren Vater an und verabredete sich an einem anderen Tag mit ihm; und manchmal ergab es sich auch, daß ein Freund dabei war, wenn sie ihren Vater traf. Er seinerseits ging dazu über, ihr zu schreiben, wenn er eine besondere Idee hatte, was man zusammen unternehmen könnte und was ihr möglicherweise gefallen würde. Binnen kurzem fuhren sie zusammen für eine Woche in Ferien.

Als ihr Vater sich wieder verheiratete, war Sandra fünfzehn. Sie freundete sich rasch mit seiner neuen Frau an.

Seit dieser Zeit haben sie einen zwanglosen, aber ziemlich

regelmäßigen Kontakt zueinander aufrechterhalten. Sandra macht jetzt eine Ausbildung als Krankenschwester und wohnt in einem Schwesternheim. Ihre Arbeit interessiert sie, sie hat einen großen Freundeskreis, und beim Interview fällt auf, daß sie sehr ausgeglichen ist. Im Gespräch über die schwierige Zeit zwischen elf und fünfzehn sagt sie, sie haben den Eindruck, ihre Pubertät und das Mitgefühl mit der Mutter seien die Hauptfaktoren gewesen, derentwegen sie sich von ihrem Vater zurückgezogen hätte. Doch sie bejaht auch, daß die oben genannten anderen Punkte eine gewisse Rolle gespielt haben mögen. Sie ist ihrem Vater sehr dankbar, daß er versucht hat, zu ihr durchzudringen, als sie so schrecklich zu ihm war. »Im nachhinein kann ich mir überhaupt nicht vorstellen, wie er die Geduld behalten konnte, mich immer wieder zu fragen, ob wir nicht etwas unternehmen wollten. Ich glaube, *ich* hätte es nicht so lange ohne irgendwelche Ermutigung durchgehalten. Ich bin jetzt richtig froh, daß er es getan hat.«

Bernd

Bernd ist jetzt achtzehn. Seine Eltern trennten sich, als er neun war. Sein Vater hatte eine Saisonkarte für einen Fußballclub und nahm Bernd immer mit, wenn die erste Mannschaft ein Heimspiel hatte. Bernd bemerkte:

> Manchmal war es wirklich sehr merkwürdig. Ich wollte viel mehr über ihn wissen. Aber gewöhnlich gab es vor dem Anstoß nicht viel Zeit zum Reden, denn wir mußten in einem vollbesetzten Zug erst durch die ganze Stadt fahren, und dann mit dem Bus zum Fußballplatz. Ich legte mir immer zurecht, was ich ihn in der Halbzeit fragen konnte – wo er lebt, was er arbeitet, und was er tut, wenn er ab und an in den Norden fährt. Manchmal antwortete er mir auf das eine oder andere, wenn wir Schokolade aßen oder an der Toilette anstanden. Doch er war mir immer ein Rätsel.

Offenbar redete Bernds Vater nicht sehr gerne und wurde ziemlich nervös, wenn er Fragen beantworten sollte. »Jetzt denke ich, daß er versuchte nett zu sein – er versuchte, nichts zu sagen, was mich aufregte oder was ich vielleicht zu Hause hätte sagen können und was dann Krach gegeben hätte. Er war sowieso viel glücklicher, wenn er über die Gewinnchancen der Rangers reden konnte.«

Eigentlich hatte Bernd überhaupt keinen Spaß an Fußball. Wie er selbst zugibt, kam er aus Pflichtgefühl und Gewohnheit mit. Diese Verpflichtung wurde zur Anstrengung, als er mehr Zeit mit seinen Freunden verbringen wollte. Zum Bruch kam es, als er eines Tages den Schluß zog, daß mit seiner Mutter nicht gerade sanft umgesprungen wurde.

Eines Morgens fand ich sie in Tränen aufgelöst, und sie erzählte mir, sie wisse einfach nicht, wo sie in der nächsten Woche das Essen hernehmen solle. Sie hatte einen Teilzeitjob gehabt, doch jetzt wurde das Büro geschlossen. Darauf sagte ich zu ihr – ich war damals elf – ich würde Vati, wenn ich ihn das nächste Mal sähe, sagen, er solle uns mehr Geld geben. Sie versuchte, mich davon abzuhalten, doch ich war in bezug auf ihn ganz offensichtlich verbittert. Ich entschloß mich, es ihm auf jeden Fall zu sagen. Das schien erst ganz leicht, doch bei dem Spiel war es dann nicht so einfach.

Bei der Halbzeit platzte er damit heraus, daß sie zu Hause kaum Geld hätten. »Wenn ich euch doch da nur helfen könnte«, war die Antwort seines Vaters. Dann herrschte peinliches Schweigen und keiner wußte, was er sagen sollte.

In den folgenden Wochen redete Bernd so wenig wie möglich. Sein Vater fragte ihn, ob ihm denn Fußball noch Spaß mache, und Bernd antwortete: »Nicht viel.« Eine Zeitlang besprachen sie – manchmal am Telefon, manchmal direkt – ob sie sich am nächsten Samstag treffen sollten, und was sie tun könnten. Bei allem, was sein Vater vorschlug, zuckte Bernd nur mit den Achseln und sagte etwas wie: »Na ja, vielleicht.«

»Ich habe nie direkt zu ihm gesagt, daß ich nichts mehr mit ihm unternehmen wollte. Ich glaube, ich habe einfach alles abgeblockt.«

Der Kontakt riß ab, offenbar entschied Bernds Vater, daß sie einfach nicht mehr miteinander auskommen konnten. Bernds

Mutter heiratete wieder, und später stellte er fest, daß sein Vater ebenfalls wieder geheiratet hatte und weggezogen war. Er hat ihn, seit er elf war, nicht mehr gesehen. Das tut ihm heute leid.

»Es muß sehr schwer für ihn gewesen sein, mit mir umzugehen«, gibt Bernd zu. »Ich hörte später, daß er selbst auch Mühe hatte, sich sein Geld zusammenzukratzen. Doch ich nahm es ihm übel. Ich wußte es damals nicht besser. Und er wollte es mir nicht sagen.«

Alles in allem hält Bernd seinen Vater für einen Menschen, der freundlich sein wollte, aber nicht so recht wußte wie. Es gab Zeiten, da wollte sich Bernd wieder mit ihm treffen, doch es war ihm nicht ganz klar, wie er das am besten anstellen sollte. »Ich wollte mich auch nicht wieder mit Fußball anöden lassen.« Es macht ihm Spaß, sich vorzustellen, eines Tages vielleicht seinen Vater ausfindig zu machen und ihm guten Tag zu sagen.

Dies sieht auf den ersten Blick so aus wie ein weiteres Beispiel für einen geschiedenen Vater, der nicht fähig ist, mit der Veränderung umzugehen. Ob er scharfsichtiger und phantasievoller gewesen wäre, und einen engen Kontakt zu seinem Sohn gehabt hätte, wenn er immer noch zu Hause gewohnt hätte, bleibt offen. Doch die Trennung muß es ihm sehr schwer gemacht haben, sich angemessen zu verhalten.

Die finanzielle Krise bei Bernd zu Hause hat die Angelegenheit offenbar noch verschärft, so daß Bernd eindeutiger die Partei seiner Mutter ergriffen hat, als es vielleicht sonst der Fall gewesen wäre. Von außen gesehen scheint es ein Pluspunkt für seinen Vater zu sein, daß dieser sich geweigert hat, ausführlicher über Geld zu reden, denn die Alternative wäre ein heftiger Streit gewesen. Doch wenn man überhaupt nichts sagt, hilft das eigentlich auch keinem. Hätte er die Veränderung in der Einstellung und dem emotionalen Befinden seines Sohnes bemerkt, so wäre er vielleicht nicht mehr ganz so vorsichtig gewesen, hätte seine Position klargemacht und nach der Situation zu Hause gefragt, gesagt, daß auch er seine Probleme habe, daß sie aber vielleicht zusammen eine Lösung finden könnten. Darüber ist nur schwer etwas zu schreiben, da niemand die genauen Verhältnisse dieses Mannes kennt. Doch Bernd weiß jetzt, daß er sehr wenig verdiente und seine Familie bis zur zweiten Ehe von Bernds Mutter unterstützte: es gab gewiß etwas, das er zu seiner Verteidigung hätte anführen können. Sein Sohn war in einem Alter, in dem er das Denken und die Ideale des Vaters ein wenig genauer kennenlernen wollte. Dafür war es ein schlechter Ersatz, ihn einmal die Woche in einem völlig voraussagbaren Kontext beim Fußball zu treffen.

Eine weitere Veränderung, die möglicherweise beide Eltern überrascht, kann in der Zeit zwischen vierzehn bis sechzehn Jahren auftreten. Während dieser Zeit fällt es einigen Jugendlichen entschieden schwerer als anderen, herauszufinden, was für eine Art Mensch sie sein und wie sie *gesehen* werden wollen. Sie können sich nicht entscheiden, was sie für richtig und wünschenswert halten. Manchmal bemerkt der Vater oder die Mutter diese quälende Unentschiedenheit, wenn er oder sie beobachtet, wie sich ihr Kind bewußt anstrengt, sich wie X oder Y anzuziehen, wie X oder Y zu reden oder so zu sein – und das manchmal ganze zwei Wochen lang. So kann es jedem jungen Menschen ergehen – ob er nun mit beiden Eltern oder nur mit der Mutter bzw. dem Vater lebt.

Doch wenn die Eltern getrennt leben, kann es vorkommen, daß ein Jugendlicher – oft von Verwirrung oder einer Art Versagensgefühl getrieben – plötzlich das Gefühl bekommt, jetzt müßte er seine Einstellung zum Leben völlig ändern und dem nicht zu Hause lebenden Elternteil ganz genau nachspüren. Es ist, als suchten solche Jugendlichen einen ihnen lange vorenthaltenen Hinweis darauf, was sie tun sollen und wie sie die Ausgeglichenheit und den Seelenfrieden erlangen können, die ihnen versagt worden sind. Welches Geheimnis hat die Mutter (oder der Vater), das nach der Trennung nicht an das Kind weitergegeben worden ist? Wonach genau sie suchen, können sie gewöhnlich nicht sagen. Wahrscheinlich wollen sie noch einmal die Gelegenheit haben, sich der Einstellungen, die sie erlernt haben, und der Ziele, die sie verfolgen, zu versichern. Oft reden sie davon, daß sie zu Hause »keiner versteht«, und versuchen, das Zuhause zu wechseln, denn es könnte ja sein, daß sie sich die ganze Zeit in dem falschen Zuhause aufgehalten haben. Dies kann ganz offensichtlich Probleme für beide Eltern schaffen und ihr gegenseitiges Mißtrauen verstärken.

Alice

Alice erinnert sich:

Ich muß wie ein Jojo gewesen sein, als ich fünfzehn war. Das erste Mal lief ich weg, nachdem ich mich fürchterlich mit meiner Mutter darüber gestritten hatte, daß ich zu spät von Parties nach Hause kam. Ich hatte das Gefühl, ich sei meilenweit im Umkreis das einzige Mädchen, das mit einer Mutter dasitzt, die so völlig hinter ihrer Zeit herhinkt. Auch die Schule war mir zu der Zeit verhaßt. Eines Abends tauchte ich in der Wohnung meines Vaters auf und sagte, ich würde jetzt hierbleiben. Ich gab ihm kaum Gelegenheit, etwas dagegen einzuwenden!
Zu der Zeit wohnte seine Freundin bei ihm. Es war nicht leicht für ihn, denn anfangs funkelten sie und ich uns nur wütend an.

Einen Monat später war sie wieder bei ihrer Mutter, überzeugt davon, daß sie einen Fehler gemacht hatte. Auch bei ihrem Vater zu Hause »verstand« sie keiner. Auch ihn mußte sie offenbar doch irgendwie verständigen, ob sie zum Essen da war oder nicht. Und er weigerte sich, die Verantwortung für sie zu übernehmen, wenn sie ihm nicht sagte, was sie abends vorhatte und wann sie zurück sein würde. Überdies stellte sie fest, daß sie seine Aufmerksamkeit nicht völlig mit Beschlag belegen konnte.
Sie ging also nach Hause zurück und machte sich daran, ihre Mutter wieder etwas aufzumuntern. Doch die beiden zerstritten sich erneut.

In diesem Jahr besuchte ich meinen Vater dreimal für längere Zeit. Beim letzten Mal war es am besten. Wir hatten einander schon besser kennengelernt. Tatsächlich fuhren wir mit Sarah (seiner Freundin) in

Ferien. Das hört sich an wie ein sicheres Rezept für eine Katastrophe. Doch wir vertrugen uns ganz gut. Ich hatte nie auch nur daran gedacht, daß Sarah mir vielleicht helfen könnte, doch wir redeten stundenlang miteinander, und gegen Ende der Ferien fühlte ich mich erwachsener und weniger selbstsüchtig. Ab und an sagten sie mir, ich sollte sie mal in Ruhe lassen, doch das machte mir nichts aus. Als ich zurückkam, war ich viel entspannter und nahm alles viel leichter.

Alice ging wieder zurück zu ihrer Mutter und wohnte noch ein Jahr bei ihr, dann zog sie mit Freunden zusammen. Es war ein viel ruhigeres Jahr, in dem sie einfach den ungleichen Kampf mit den Fächern aufgab, in denen sie ihrer Meinung nach sowieso die Prüfung nicht schaffen konnte, und sich darauf konzentrierte, sich eine gewisse Grundlage für einen Sekretärinnenkurs zu schaffen. Das Thema Freiheit war nicht mehr so wichtig, denn sie hatte ein wenig gelernt, Kompromisse zu machen und plante für die nahe Zukunft ihre völlige Unabhängigkeit. Die Mutter fand ihrerseits eine direkte Konfrontation sinnlos, denn sie wollte ja weiterhin den Kontakt zu ihrer Tochter aufrechterhalten.

Es ist interessant, daß Alice jetzt, wo sie *tatsächlich* unabhängig ist und ihre eigene Familie hat, beide Eltern ungefähr gleich häufig sieht. Die Besuche bei dem einen und dem anderen Elternteil kommen in einem Monat ungefähr auf dasselbe heraus. Man kann nicht sagen, der eine oder der andere habe »gewonnen« beziehungsweise »verloren«; beide waren nötig, um aus Alice einen erwachsenen Menschen werden zu lassen. Während ihres »verrückten Jahrs«, wie sie es nennt, mußte sie den Menschen, der ihr die andere Hälfte ihrer Veranlagungen vererbt hatte, so nahe vor Angesicht haben wie nur möglich, um herauszufinden:

warum sie so viele Schwierigkeiten hatte;
warum sie nicht einträchtig mit ihrer Mutter leben konnte;
wieviel sie dafür kämpfen sollte, die Dinge auf ihre Weise zu tun, und wie weit sie sich an andere anpassen sollte;
worin sie – im Gegensatz zu den problematischen Gebieten, wo sie nur Kritik auf sich zog – möglicherweise gut war.

Liest man diese Fragen für sich und nicht im Zusammenhang mit dieser Fallgeschichte, so sind es eigentlich bemerkenswert *erwachsene* Fragen; viele Erwachsene haben keine Ahnung, wie sie sie für sich selbst beantworten würden. Alice hatte diesen Entwicklungsstand erreicht, aber offenbar war das ihrem Vater entgangen. Hätte er diese Veränderung mitbekommen, so wäre er vielleicht darauf gefaßt gewesen, daß das gelegentliche Ausgehen und höfliche Plaudern Alice nicht mehr länger genügen würde.

Sie war also, wie man sich jetzt denken kann, bereits seit längerer Zeit neugierig, was für ein Mensch ihr Vater wohl war und wie bei ihm zu Hause das Leben aussehe. Wie kam man sich dort vor? Was *tat* man dort? War es so sündhaft, wie ihre Mutter hatte durchblicken lassen? Gehörte ein Teil von ihr in diese andere Atmosphäre? Wie würde *sie* dort sein?

Oft erscheint das Gras auf der anderen Seite des Zaunes grüner. Wenn es sich herausstellt, daß es auch dort braune Stellen gibt, genau wie in dem Gras, das man kennt, ist es sehr gut möglich, daß man sich einfach nicht für das eine oder das andere entscheiden kann – wie Alice, die innerhalb von zwölf Monaten sechsmal das Zuhause wechselte.

Oft hört man den Elternteil, der – wie Alices Mutter – von dem Kind »verlassen« worden ist, darüber klagen, das Leben in dem anderen Haushalt scheine reicher und glänzender, und ein leicht zu beeindruckender Jugendlicher sei ja schnell mit Geld zu kaufen. Zweifellos trägt so etwas manchmal mit dazu bei, daß Kinder das Zuhause wechseln. Doch die meisten dieser Jugendlichen stellen Fragen, die sie sich nicht haben beantworten können: sie sind neugierig auf die Unterschiede in der Lebensführung, und eigentlich wollen sie nicht mit der Kreditkarte in der Hand durch ein Kaufhaus wandern.

Und schließlich ist über Alice sechzehntes Lebensjahr noch etwas zu bemerken: während der ganzen Zeit traf ihr jüngerer Bruder (der damals zwölf war) seinen Vater regelmäßig – fast alle vierzehn Tage – und zwar offenbar ohne irgendwelche Probleme dabei zu haben und ohne auch nur den geringsten

Wunsch, anders zu sein oder andere Dinge zu tun. Er wußte, daß seine Schwester beiden Eltern stürmische Szenen machte, doch das ließ ihn kalt. *Er* schätzte eine ruhige Kontinuität, und alle respektierten diesen Wunsch und trugen mit dazu bei, daß er diese Kontinuität auch bekam – was man ihnen hoch anrechnen muß. Sehr wahrscheinlich verfügte sein Vater über einen besseren Draht zu ihm und besaß ein instinktiveres Verständnis dafür, wie sein Sohn war und was er von dem nicht zu Hause lebenden Elternteil erwartete. Außerdem befand er sich auf einer anderen *Entwicklungsstufe* wie Alice; eine Veränderung war noch nicht so wahrscheinlich.

Wenn wir darüber nachdenken, wie Kinder ihre Einstellung zu der *Besuchsfrage* verändern, müssen wir erst einmal über ihre sich ändernden Gefühle bezüglich der *Trennung* nachdenken. Per Definition ist die Trennung der Zustand (gelegentlich auch der Prozeß), der den Rahmen für die zu arrangierenden Besuche abgibt. Die Trennung der Eltern zieht also die Kinder ständig in Mitleidenschaft. Besuche können die Folgen der Trennung beeinflussen, an der Tatsache ändern sie jedoch nichts.

Bei einem sehr kleinen Kind hat der Vater möglicherweise einen zu wenig intensiven Eindruck gemacht oder es zu selten gesehen, so daß es die Trennung selten als das verstehen und einschätzen kann, was sie ist. Bis zum Alter von zwei Jahren ist es für das Kind von viel größerer Bedeutung, ob die Mutter traurig ist oder Angst hat – was sich einem sehr jungen Gemüt extrem schnell mitteilt. Es ist nicht so wichtig, daß der Mann nicht mehr da ist, der gelegentlich mit ihm gespielt, es herumgetragen hat und »Vati« genannt wurde (wenn das Kind früh geredet hat), der jedoch für die häusliche Welt keine lebensnotwendige Bedeutung hatte.

Oft gibt es im dritten Jahr (entsprechend der emotionalen Nähe in der Familie und der Aufnahmefähigkeit des Kindes kann das auch später sein) eine allmähliche Bindung an den Vater, und das Kind sorgt sich um ihn, wenn er nur kurz auf eine Geschäftsreise gefahren ist. Verschwindet er völlig, so wird das zunächst geleugnet. Das Kind fragt eigensinnig immer wieder nach, wann er zurückkommt, wie deutlich ihm auch gesagt wird, daß das niemals mehr geschehen wird. Langsam kommt es dann zu einer Art bereitwilligem Akzeptieren der neuen Verhältnisse, und der Kummer setzt ein.

Wenn die Mutter weggeht, verschieben sich diese ganzen Reaktionen zeitlich. Viele Fachleute empfehlen, eine Adoption in den ersten beiden Lebensmonaten des Kindes durchzuführen, da man so die emotionalen und die Verhaltensprobleme vermeiden kann, die möglicherweise auftreten, wenn ein verwirrtes Kind seinen entscheidenden Halt verliert. Sie begründen dies mit Beobachtungen aus vielen wissenschaftlichen Studien. Wenn ein Kind – eigentlich trifft das für jedes Alter zu – von seiner Mutter verlassen wird, besteht die Gefahr schweren seelischen Leidens und emotionaler Schwierigkeiten. Wenn es sechs Jahre oder älter ist, wird es zwar immer noch sehr unter dem Verlust leiden, dieser wird jedoch nicht mehr ganz so ernste Folgen haben; das trifft umso mehr zu, je älter das Kind ist.

Um zu der üblicheren Situation zurückzukehren: Wenn der Vater von Zuhause fortgeht, ändern sich Ausmaß und Art der Betroffenheit des Kindes, und zwar kann man das ab fünf Jahren deutlicher erkennen. Grob gesagt ist es die unterschiedliche Betonung zwischen der Angst, daß das Dach einstürzt, und der Sorge darum, wie das Leben wohl aussehen wird, nachdem das geschehen ist. Das Kind wird zwar immer noch dazu neigen, die Tatsache der Trennung zu verleugnen, doch es ist jetzt viel besser gerüstet, damit fertig zu werden: es hat einen größeren Wortschatz, mehr Erfahrung darin, seine Gedanken mitzuteilen, und es kann mehr darüber reden, was geschieht und was wichtig für es ist. Wenn man etwas beschreiben kann, bekommt man es nicht notwendigerweise unter Kontrolle, doch zumindest kann man der Angelegenheit eine Form geben und sie in gewissen Grenzen halten. Allmählich lernt man, damit umzugehen.

Reaktionen beim Weggehen eines Elternteils

Alter des Kindes	*Mutter geht*	*Vater geht*	*Wesentliche Reaktionen auf die Besuche des Elternteils, der nicht das Sorgerecht hat*
Unter 2 Monaten	Bemerkt möglicherweise kaum etwas.	Bemerkt gar nichts.	
Bis zu 2½ Jahren	Unterschiedlich schwere emotionale und Verhaltensprobleme.	Bemerkt möglicherweise kaum etwas.	Unkomplizierte Freude, es sei denn, der Besuch ist auf seiten des mit dem Kind lebenden Elternteils mit Besorgnis verbunden. Unruhe, wenn es längere Zeit (mehr als einen halben Tag) nicht bei der Mutter ist, es sei denn, das ist üblich.
Von 2½ bis 6 Jahren	Gefühl einer bedeutenden Veränderung, Verlust des emotionalen Mittelpunkts. Starke Tendenz, die Tatsache der Trennung zu verleugnen, Wendung zu Unmut. Verbitterung. Sorge darüber, gar persönlich dafür verantwortlich zu sein, »die Mutter vertrieben zu haben«.	Gefühl einer Veränderung – die bedeutend ist, wenn die Familie ein sehr enges Verhältnis zueinander hatte. Neigt dazu, die Trennung einmal zu akzeptieren, und dann wieder zu glauben, sie sei nur vorübergehend. Verstärkte Abhängigkeit von der Mutter.	Freude, die langsam von einem gewissen regelmäßigen Kontakt mit dem abwesenden Elternteil abhängig wird. Rückversicherung ist nötig, von diesem auch wirklich akzeptiert zu werden. Suchen nach Zeichen der Zuneigung, der Anerkennung. Versuche, das Weggehen bei Ende des Besuchs hinauszuzögern oder eine Aussöhnung herbeizuführen.
Von 6 bis 9 Jahren	Anhaltende Traurigkeit. Ist nur schwer aufzumuntern, und auch dann nur oberflächlich. Besorgnis darüber, ob das normale Leben weitergeht, ob das stabil bleibt, was das Kind kennt und braucht.	Traurigkeit. Ein gewisses Anklammern an die Mutter. Kompensation wird in Besitz und/oder Aktivitäten gesucht. Ein gewisses Schwanken zwischen Akzeptieren der Situation und der Hoffnung auf eine Wiedervereinigung.	Freude. Weiterhin ein Bedürfnis nach regelmäßigem Kontakt und zunehmendes Fordern von Geschenken, die etwas beweisen sollen. Ein gewisses »Heimzahlen« der Abwesenheit durch Grobheiten oder Ungehorsam. Neugierde bezüglich des Lebens dieses Elternteils. Kein moralischer Konflikt: mal pro Mutter, mal pro Vater eingestellt.

Alter des Kindes	*Mutter geht*	*Vater geht*	*Wesentliche Reaktionen auf die Besuche des Elternteils, der nicht das Sorgerecht hat*
Von 9 bis 14 Jahren	Gefühle des Verlustes, jedoch hängt die emotionale Reaktion von der Art der Beziehung zur Mutter ab. Mädchen reagieren anders als Jungen. Töchter sind auf gleichgeschlechtliche Freundinnen außerhalb der Familie angewiesen oder sträuben sich heftig gegen die Pubertät. Jungen können sich mehr dem Vater zuwenden.	Gefühl des Verlustes; die emotionale Reaktion ist unterschiedlich (wie beim Weggehen der Mutter). Auch hier gibt es vom Geschlecht abhängige Unterschiede: Mädchen können dem männlichen Geschlecht gegenüber mißtrauisch werden bzw. es ablehnen, während Jungen sich bei ihren Sozialkontakten weniger sicher fühlen können (denn sie sind ja als Kameraden abgelehnt worden).	Die Freude bei den Besuchen ist unterschiedlich groß, entsprechend dem Maß an Schuld, die dem abwesenden Elternteil gegeben wird, und dem Gefühl, abgelehnt zu werden. Das Muster, nach dem die Besuche ablaufen, kann in Frage gestellt werden. Die Gesellschaft der eigenen Freunde hat eine gewisse Priorität – doch es wird kein länger andauernder Bruch mit dem abwesenden Elternteil gewünscht. Die Beziehung muß sich entwickeln, es sind mehr Kompromisse nötig.
Von 14 bis 16 Jahren	Ihrer Reife entsprechend sehen sie die Sache realistischer. Doch ein unreifer Jugendlicher mit Pubertätsproblemen und/oder sozialen Selbstzweifeln kann das Ereignis als Bestätigung seiner eigenen Unzulänglichkeit interpretieren.	Die Reaktion hängt von der Enge des Kontaktes ab, d. h. inwieweit der Sohn sich den Vater als Vorbild genommen hat (bewußt oder unbewußt), und wie stark die Tochter zur Bestätigung ihrer Weiblichkeit von seiner Reaktion abhängig war.	Der Erfolg des Besuchs hängt zunehmend davon ab, daß es gleiche Interessen gibt und daß sich beide an der Gesellschaft des anderen *an sich* freuen, d. h. nicht nur, weil sie miteinander verwandt sind. Wo weniger Schuldzuweisungen gemacht werden, haben die Kinder manchmal – wie die 6–9jährigen – eine je eigene Moral für Vater und Mutter.

Die Tabelle zeigt die für die jeweilige Altersgruppe typischen Reaktionen auf das Weggehen von Vater bzw. Mutter, die Einstellung des Kindes zu Besuchen und die damit Hand in Hand gehenden veränderten Bedürfnisse. Diese beiden Reaktionsmuster haben eine gewisse Beziehung zueinander – was manchmal zwar von dem Schock verwischt wird, unter dem das Kind einige Zeit nach dem Auseinandergehen der Familie steht und der natürlich in *jedem* Alter eintreten kann.
Ein Kind unter sieben Jahren ist wahrscheinlich eher verwirrt. Seine Wünsche sind oft stärker ausgeprägt als die Fähigkeit, zu beobachten, was wirklich geschieht, und sich dementsprechend zu verhalten. Bei den meisten kleinen Kindern und in den meisten Familien gibt es den starken Wunsch, die Trennung möge ein Ende haben und die ganze Familie solle wieder zusammenkommen. Manchmal *scheint* das Kind zu verstehen, was man ihm sorgfältig erklärt. Doch es wird auf jedes Anzeichen einer Wiederkehr zu dem achten, was es für den normalen Zustand hält. Das heißt, es wird Bemerkungen falsch interpretieren: ein den Besuch abschließender Satz wie: »Jetzt wollen wir wieder zu Mami gehen«, wird verstanden als: »Wir gehen jetzt nach Hause zurück, und ich bleibe dann auch da.« Wenn es sich erweist, daß der junge Zuhörer etwas falsch verstanden hat, wird er wütend und versucht vielleicht, etwaige Verabredungen dadurch zu verderben, daß er alles durcheinander bringt, ungezogen ist und ständig weint – das Kind ist »gestört«. Doch in welchem Ausmaß es »gestört« wirkt oder handelt, ist sehr unterschiedlich. Es lohnt sich, immer daran zu denken, daß man einem Menschen seines Alters nur zu leicht falsche Hoffnungen macht und daß das mit zu seinem Unglücklichsein beiträgt.

Tony und Tim

Tony und Tim zeigen auf interessante Weise die gegensätzliche Auffassung bei zwei der hier besprochenen Altersgruppen. Tony ist fast sechs, Tim gerade erst drei Jahre alt. Ungefähr vor einem Jahr haben sich ihre Eltern getrennt. Ihr Vater besucht sie ziemlich regelmäßig, und sie kommen dann gut miteinander aus. Man hat Tim oft genug gesagt, daß dieser Mann *sein* Vater sei, doch immer wieder nennt er ihn »Tonys Papa«. »Was wirst du heute tun, Tim?« »Wir gehen Tonys Papa besuchen.« Er war bei der Trennung noch zu jung; dieser Mann hatte für ihn noch keine persönliche Bedeutung als sein Vater bekommen können. Doch er hat Tony oft mit »Papa« reden hören und spürt wahrscheinlich an der Art wie Tony ihn anspricht und über ihn redet eine sehr enge Bindung zwischen den beiden.

Wenn es soweit ist, die beiden wieder zurück zu ihrer Mutter zu bringen, gibt es oft Tränen bei Tony – nicht so oft jedoch bei Tim. Kürzlich fragte Tony, ob Vater wohl mit in Ferien führe (zusammen mit der Mutter). In seiner Frage lag die *Erwartung* eines »Ja«, obwohl ihm die Trennung mehr als einmal vernünftig erklärt worden war. Wünsche sind eben stärker als jede Vernunft.

Ein Kind wie Tony wird sich in der einen Woche glücklich mit dem fühlen, was es tut, und die Situation allem Anschein nach ganz erwachsen hinnehmen. In der nächsten Woche – vielleicht nach einer schweren Erkältung oder einer schlechten Zeit in der Schule – schaut die Welt dann viel düsterer aus, und der Wunsch, die Familie wieder vereint zu sehen und sich von dieser Wiedervereinigung trösten zu lassen, nimmt in seinem Bewußtsein wieder mehr Raum ein. Seine gute Laune leidet darunter. Er schreit vielleicht: »Ich will nie mehr was mit dir unternehmen!« Doch das meint er nicht so. Er will nur zu verstehen geben, daß er die Trennung ganz schrecklich findet, und Schreien ist eine eindrucksvolle Art, das zum Ausdruck zu bringen.

Manchmal merkt er, daß seine Eltern aufmerksam auf Zeichen von »Gestörtheit« achten, und trägt vielleicht einige davon zur Schau, wenn er das Gefühl hat, daß sie das wieder zusammenbringen wird – einmal ganz abgesehen von dem naheliegenden Punkt, daß er so die Aufmerksamkeit auf sich als eine Person richten will, die Hilfe braucht.

Später, zwischen sieben und zehn, gibt es eine Periode, in der das Kind sich viel beständiger mit der Trennung einrichtet. Von Zeit zu Zeit wird es ihm leid tun, doch es gibt lange Phasen, in denen es die alltäglichen Ablenkungen des Lebens genügend fesseln und davon abhalten, darüber zu brüten, wie seine Familie auseinandergekommen ist. Besuche werden in der Regel begrüßt, und das Kind ist schnell bereit, um all der Dinge willen, die dabei unternommen werden, Gefallen an ihnen zu finden. Es wird eine Menge Vorschläge haben, was man tun könnte. Doch meist wird es lieber sehen, wenn diese Besuche eine gewisse Regelmäßigkeit besitzen und nach einem bestimmten Muster ablaufen; und es wird zu schätzen wissen, wenn der Elternteil, den es nicht so häufig sieht und dessen Denken und Motivationen ihm vielleicht recht unklar sind, die Sache entschieden in die Hand nimmt.

Ein Grund für die bessere Anpassung an die Situation ist der, daß das Kind inzwischen ein gewisses Gefühl dafür bekommen hat, wie es mit Vater und Mutter als Einzelpersonen umgehen muß. So etwas wie »Loyalität« zu dem einen oder dem anderen Elternteil kommt ihm kaum in den Sinn, obwohl es natürlich sehr gut möglich ist, daß der Versuch gemacht worden ist, ihm das nahezubringen – was zu Schuldgefühlen führen kann, wenn das Kind sich mit der »anderen« Seite gut amüsiert. Loyalität hängt in dieser Zeit oft alleine davon ab, welcher Elternteil sich zufällig bei ihm aufhält. Beide Eltern können davon überzeugt sein, daß es am glücklichsten ist, wenn es bei ihm bzw. bei ihr ist. Doch es ist ganz natürlich, daß das Kind gerne bei *beiden* ist.

Das bleibt jedoch häufig nicht während der ganzen Kindheit so. Zwischen zehn und dreizehn kommt das Kind wahrscheinlich in ein anderes Stadium. Jetzt hat es das Bedürfnis nach einer größeren Verläßlichkeit in Bezug auf Gefühle und Handlungen. Die Vorstellung, sich mit dem Elternteil zu amüsieren, den es nicht unterstützt, oder gar dessen Leben zu teilen, wird ihm immer unangenehmer. Je feindseliger der Hintergrund für das Auseinanderbrechen der Ehe und die Nachwehen der ganzen Geschichte sind, desto eher bindet das Kind sich eng an einen der beiden, an den Vater oder an die Mutter. Dadurch ist es emotional weniger leicht fähig, eine Beziehung zu dem anderen Elternteil zu entwickeln. Es kann den Konflikt zwischen seiner »Loyalität« und der Aussicht auf einen glücklichen Besuch dadurch lösen, daß es bei diesen Treffen zum passiven Beobachter wird und nicht mehr aktiv daran teilnimmt, wie vielleicht früher. Es wird ihm eventuell nichts mehr einfallen, was man tun könnte. Es kann Verabredungen vergessen. Es schützt möglicherweise Krankheit vor, die in einigen Fällen sehr real sein kann. Oder es weigert sich völlig, den Vater bzw. die Mutter zu sehen – vielleicht indem es beklagt, daß sie »einfach nicht miteinander auskommen«. Je größer die Identifikation mit einem Elternteil ist, desto stärker ist das Bedürfnis, noch einmal seinerseits eine Art »Scheidung« zwischen sich und dem anderen Elternteil durchzuspielen. Dies geschieht zusätzlich zu der Entwicklung des »Loyalitätsgefühls«, und es spielt dabei eine Rolle, daß das Kind tatsächlich das Gefühl hat, es teilt Persönlichkeit und Leben und Geschick des Elternteils, mit dem es sich identifiziert. Dementsprechend spielt es die Scheidung noch einmal durch: jetzt steht es *wirklich* auf der Seite des Elternteils, dem es sich verbunden fühlt – ja, es *ist* eigentlich zu einem gewissen Grad der Vater bzw. die Mutter.

Es muß betont werden, daß ein Elfjähriger zwar oft diese Art von Loyalität gegenüber dem Elternteil entwickelt, mit dem er zusammenwohnt, doch er muß sich nicht *notwendigerweise* für den Elternteil entscheiden, der das Sorgerecht hat. Es muß auch nicht zur Identifikation mit dem gleichgeschlechtlichen Elternteil kommen, wenngleich eine solche naheliegend sein mag.

Ein komplizierender Faktor in dieser Zeit ist natürlich die Pubertät. Die meisten Kinder haben diese heutzutage mit vierzehn hinter sich. Die Psychiater fühlen sich häufig veranlaßt, besorgte, getrennt lebende Eltern darauf hinzuweisen, daß manche Kinder sich aus Gründen der Pubertät – unabhängig vom Leben zu Hause – recht seltsam fühlen oder verhalten können. Diese Zeit ist für »normale« Kinder in »normalen«

Familien schon problematisch. Es trifft jedoch auch zu, daß die Ereignisse der Pubertät – manchmal ganz plötzlich und übereilt – das Interesse des Kindes auf die sexuelle Seite des Menschseins und auf das Familienleben konzentriert, was zu einer Neubewertung des einen oder beider Elternteile führen kann. Diese Neubewertung kann wenig schmeichelhaft ausfallen. Die Überlegung, ob man dieses Thema in den Gesprächen mit dem nicht zu Hause wohnenden Elternteil wohl vermeiden muß, können dazu führen, daß die Besuche weniger natürlich werden und in einem gezwungeneren Ton ablaufen.

Ab dem Alter von vierzehn Jahren etwa stehen Persönlichkeit und Interessen eines jungen Menschen nicht nur zum größten Teil fest, sie sind auch klar umrissen. Wenn er einen Elternteil *nicht mag* – wenn er die Gegenwart des Vaters oder der Mutter nicht schätzt – dann ist das jetzt nur noch schwer zu ändern. Er ist nicht länger mehr ein Kind, das man Stück für Stück dazu bringen kann, die Dinge mit freundlicheren Augen zu sehen. Der Jugendliche kann natürlich immer noch von netten Gesten dieses Elternteils beeindruckt werden oder davon, daß sich eine neue Möglichkeit der Hilfe oder des Vertrauens eröffnet, doch es gibt einen Überhang an Erfahrungen und Einstellungen, die sein Denken prägen. Sie können auf die interessantesten Dinge kommen, die Sie mit ihm anschauen oder unternehmen wollen, und er wird auch gerne Geschenke bekommen, doch eine grundlegende Zu- oder Abneigung werden Sie jetzt kaum mehr beeinflussen können.

Es kann auch anders sein, zum Beispiel wenn Sie für einige Zeit keinen Kontakt mehr miteinander gehabt haben, denn nun ist der Jugendliche vielleicht offener. Er weiß jetzt, was er will, und es ist klug, dies auch anzuerkennen. Ihm öfter die eigene Gesellschaft aufzuzwingen, als ihm offenbar Spaß macht, kann verlorene Liebesmüh sein. Es ist besser, wenn es weniger, aber erfolgreiche Besuche gibt, als häufige und langweilige, die einem nur auf die Nerven gehen.

Ob nun Zu- oder Abneigung, der getrennt lebende Elternteil kann etwas zu bieten haben, das sehr für ihn spricht – nämlich ein bereitwillig geliehenes Ohr. Hier besteht die Möglichkeit, mit jemandem zu reden, der zwar wohlwollend ist, jedoch kaum etwas mit den Spannungen des eigenen Alltagslebens zu tun hat und so eine gewisse Objektivität besitzt und vielleicht eine andere Meinung zu der Angelegenheit haben kann. Diese Rolle des freundlichen Ratgebers kann wichtig und sehr lohnend sein. In gewisser Weise liegt darin so etwas wie eine Abschlußprüfung – jetzt geht es um die gegenseitige Hilfe und das Verständnis zwischen Erwachsenen.

4 Damit auch alles klappt

Wenn der Wochenendvater oder die Wochenendmutter die Kinder besuchen kommt und sie ausführt, kann alles mögliche passieren. Es ist wahrhaftig kein reines Honigschlecken. Auch Probleme und unangenehme Dinge können vorkommen. Ich möchte in diesem Kapitel die Aufmerksamkeit auf einige der Schwierigkeiten richten und Vorschläge machen, wie man sie vermeiden oder es so anstellen kann, daß sie weniger ärgerlich und aufreibend sind.
Auf jeden Fall – ich hoffe das ist bereits deutlich geworden – lohnt sich der Kontakt, *auch wenn* eine Menge Probleme den Tag verderben können. Was auch immer geschieht, es ist wenig sinnvoll, die Verbindung abzubrechen oder zuzulassen, daß sie verkümmert.

Der Zeitpunkt

Um die Zeit gibt es am häufigsten Ärger. Es ist viel einfacher, sich über den Zeitpunkt eines Besuches einig zu werden, wenn beide Eltern der Meinung sind, der Besuch sei wünschenswert. Auch muß man sich mit dem ganzen Arrangement viel weniger abquälen, wenn man einigermaßen in der Nähe wohnt. Der andere wichtige Faktor ist der Lebensstil: Menschen, die sehr beschäftigt sind und ihr Leben bis zur letzten Viertelstunde durchorganisieren, werden Probleme mit der Zeiteinteilung bekommen.
Es ist natürlich einfach, jemandem zu sagen, er oder sie solle bereits einige Zeit vorher ein Datum festmachen, eine Alternative dazu angeben, sich damit einverstanden erklären und dann

auch daran halten. Menschen funktionieren jedoch nicht wie ein Fließband. Sie werden krank, müssen überraschend anderen Verpflichtungen nachgehen, und die Züge, in die sie einsteigen, kommen auch nicht immer pünktlich an. Manches kann schieflaufen. Wenn Sie – auf beiden Seiten der trennenden Mauer – der menschlichen Natur einen gewissen Spielraum einräumen, wird es weniger nervöse Anspannung und weniger Streitereien geben, wenn sich die Tür in der Mauer öffnet und Ihr Kind hindurchgeht.

Den einen fällt eine gewisse Regelmäßigkeit leichter als den anderen. Besonders für jüngere Kinder ist Regelmäßigkeit etwas sehr Beruhigendes. Sie merken, daß es für sie wichtig ist, eine Zeit mit Ihnen auszumachen und diese dann freizuhalten, eine Zeit, die »den Kindern« gehört und nur zum Teil Ihnen. Wenn das Kind weiß, daß Sie jede Woche oder alle zwei Wochen zu einer bestimmten Zeit erscheinen werden, hat es das Gefühl, daß zwischen ihm und dem Vater bzw. der Mutter noch etwas Gutes fortbesteht. Wenn es jedoch nicht voraussagen kann, wann das nächste Treffen stattfinden wird, erscheint ihm dieser Kontakt nicht länger fest und verläßlich. Wenn möglich ist es sinnvoll, sich auf eine bestimmte Zeit für den Besuch zu einigen, damit erstens das Kind das auch weiß und daraus eine Bestätigung und Vertrauen zieht, und zweitens weniger und nicht so komplizierte Arrangements nötig sind, um sich auf die Details zu einigen.

Was diesen letzten Punkt angeht, besteht der große Vorteil einer gewissen Regelmäßigkeit darin, daß Sie nicht so oft miteinander verhandeln müssen und die Gefühle nicht wieder wachwerden lassen, die mit der ganzen Idee des Besuchs verbunden sind. Für diese Regelmäßigkeit würde auch sprechen, daß ein solches System es allen erleichtert, auch nichts falsch zu machen.

Was dem einen ganz gut paßt, muß nicht unbedingt auch für den anderen so sein. Sie können nicht erwarten, daß Sie als Außenstehender genau vorschreiben können, wann und wo die Besuche stattfinden sollen. Sie haben nicht die geringste

Vorstellung davon, welche Pläne sie durchkreuzen. Andererseits steht Ihnen natürlich auch zu, daß die andere Seite Ihre Situation in Betracht zieht. Es ist unvernünftig, eine Zeit vorschreiben zu wollen, gleichgültig, wer von Ihnen dabei seinen Willen durchsetzen möchte. Wenn beide Seiten mehr an das Kind denken, werden sie versuchen, den Besuch so zu arrangieren, daß es weder für den einen noch für den anderen zu schwierig wird. In anderen Worten, Sie werden sich wie zwei erwachsene Menschen verhalten.

Daraus folgt, daß man sich bemühen soll, dem anderen so frühzeitig wie möglich mitzuteilen, wenn es aus irgendeinem Grund nötig ist, den Zeitpunkt des Besuches zu verschieben. Niemand möchte erst in letzter Minute erfahren, daß der Besuch für dieses Wochenende abgeblasen ist. Denn das bedeutet oft einen ganzen Rattenschwanz an Überlegungen, was man wohl stattdessen tun sollte.

Es lohnt also, eine gewisse Kommunikation aufrechtzuerhalten, um die neuesten Entwicklungen bezüglich irgendwelcher zeitlicher Änderungen so schnell wie möglich mitteilen zu können. Viele Leute geben sich die größte Mühe, sich so weit wie möglich abzukapseln, doch das tut ihnen spätestens dann leid, wenn die ihre Pläne betreffenden Informationen sie nicht rechtzeitig erreichen und sie nicht reagieren können. Ich meine damit zum Beispiel diejenigen, die ihre Telefonnummer ändern und sie nur ihren neuen Freunden mitteilen; oder diejenigen, die bei der Arbeit in der Telefonzentrale Bescheid sagen, auf keinen Fall mit der geschiedenen Frau oder dem geschiedenen Mann zu verbinden oder Nachrichten von ihnen entgegenzunehmen.

Im folgenden einige weitere, aus dem Leben gegriffene Beispiele, die illustrieren sollen, wie Leute anderen – und letztendlich auch sich selbst – was die Zeiteinteilung angeht, das Leben schwer machen. Wenn etwas derartiges geschieht, leiden alle darunter – nicht zuletzt die Kinder:

Sie rief mich um die Nachmittagszeit (am Samstag) an, um mir mitzuteilen, daß sie gerade in London angekommen sei; um zwei Uhr wollte sie die Kinder abholen. Als ich ihr sagte, der eine habe um drei Uhr Schwimmunterricht, meinte sie, den Kindern »ist das doch völlig egal, wenn sie erst hören, daß ihre *Mutter* hier ist.«

Niemand weiß, wann Holger die Kinder besuchen kommt. Natürlich hat er viel zu tun ... aber offenbar will er sich einfach nicht darum kümmern, bis ihm danach ist oder er plötzlich feststellt, daß er Zeit für sie hat. Wenn Gerd fragt, ob sein Papi ihn bald wieder besuchen kommt, muß ich ihm sagen, daß ich es einfach nicht weiß.

Meine frühere Frau ist wirklich sehr unvernünftig. Das war sie schon immer. Letztes Wochenende hatte ich das Golfturnier völlig vergessen. Es ist eine Mannschaftsveranstaltung, und man erwartete von mir, daß ich auch mitmachte. Plötzlich fiel mir ein, daß heute ja der Tag war, an dem ich die Kinder besuchen sollte, an eben diesem Morgen – und es war doch schon jemand unterwegs, um mich zum Golfspielen abzuholen. Ich rief sofort an; ich kann Ihnen sagen, ich habe vielleicht was zu hören bekommen.

Natürlich ist das nicht immer einseitig. Es gibt auch viele Beispiele von Absagen in letzter Minute und ähnlichen Unannehmlichkeiten, die von der anderen Seite kommen. Auffallend häufig ist der Zettel an der Tür, auf dem in etwa steht: »Tut mir leid, habe versucht, dich zu erreichen. Komm doch nächste Woche.« Doch der springende Punkt bei all dem ist, daß das *überhaupt nicht* weiterhilft, ganz egal, wer es tut. Die Kinder assoziieren einen Besuch ganz schnell mit Hektik, Unruhe und Unsicherheit, die alle Beteiligten nervös und bitter zu machen droht.

Pünktlichkeit

Man muß Kindern nicht erzählen, wenn jemand zu spät kommt. Sie bekommen das sowieso mit. Es erhöht die Anspannung vor einem Besuch, wenn Sie später kommen, als alle Sie erwartet haben.

Wenn Sie regelmäßig unpünktlich sind, sagt das auch etwas aus. Es bedeutet in den Augen des Kindes, daß es Ihnen nicht wichtig genug ist, es auch pünktlich zu treffen – und daß Sie eine weniger verläßliche Person sind als sein Vater bzw. seine Mutter. In manchen Fällen versteht das Kind dieses Verhalten auch als Lässigkeit, als eine ungezwungene, erwachsene Art und Weise, mit Nahestehenden umzugehen, und kann das möglicherweise für einen Stil halten, den man bewundern und pflegen sollte.

Manchmal machen kleine Kinder, die auf den Besuch des Wochenendvaters warten, ein Spiel daraus, wer von ihnen ihn wohl als erster sieht. Es ist ein großer Augenblick, wenn erst der eine und dann der andere mit dem Schrei: »Da kommt Vati!« auf die sich langsam nähernde Figur zurennt. Je regelmäßiger und pünktlicher die Besuche sind, desto mehr freudige Erregung und weniger Frustration. Abgesehen davon, daß es eine rührende Szene ist, beweist sie auch folgendes: sie ist ein Zeichen dafür, daß die Kinder diese Besuche in ihr Leben integrieren, und zwar so, daß sie sich richtig darüber freuen.

Pünktlichkeit ist am Anfang und am Ende des Besuches wichtig. Wenn Sie sagen, Sie bringen die Kinder zu einer bestimmten Zeit wieder zurück, so ist das ein Versprechen. Gelegentlich ergibt es sich, daß dieses Versprechen schwer zu halten ist – in diesem Fall kann ein Anruf erklären warum, und es ist nur normal und höflich, eine neue Zeit auszumachen. Das wirkt sich auch für Sie positiv aus. Wenn es sich schon gezeigt hat, daß Sie dem anderen Elternteil die Dinge erleichtern, indem Sie sich auch an die festgelegten Zeiten halten, werden Sie viel eher Erfolg haben, wenn Sie einmal um etwas Besonderes bitten, zum Beispiel um einen späten Kinobesuch oder darum, daß die Kinder über Nacht bleiben dürfen.

In manchen Fällen sind auch die Kinder ängstlich darauf bedacht, daß die Zeit eingehalten wird. Es kann sein, daß die Mutter sagt: »Er soll dich wirklich pünktlich um sechs Uhr zurückbringen.« Das ist kein sonderlich empfehlenswertes

Vorgehen, vor allen Dingen dann, wenn es mit großer Vehemenz gesagt wird und das Kind so nervös macht, daß es ständig fragt, wie spät es ist, und drängt: »Müssen wir jetzt nicht nach Hause gehen?« Einige Kinder tun das jedoch auch völlig aus eigenem Antrieb; es ist wichtig, auch diese Möglichkeit zu bedenken. Gewöhnlich weist ein derartiges Verhalten auf Loyalitätskonflikte hin – es ist beinahe so, als versuche das Kind, seine Konflikte mit Hilfe der Zeit zu lösen, während der es erlaubterweise »unloyal« sein oder mit dem weggezogenen Elternteil Spaß haben darf. Es hat keinen Sinn, sich darüber zu ärgern (obzwar es sicherlich irritierend ist). Es gehört zu der Art und Weise, wie das Kind mit seinen Konflikten fertig wird, und wenn es ihm etwas hilft, die Besuchstage in »Vaters« und »Mutters« Zeit aufzuteilen, dann soll es eben so sein.
Eine Warnung jedoch: die Sorge des Kindes, rechtzeitig zurück zu sein, kann sich in den Worten ausdrücken: »Kannst du nicht *schneller* fahren, Vati?« Es gehört eine gewisse Selbstkontrolle dazu, darauf nicht zu reagieren und sicher zu fahren.
Sind die Kinder älter, so werden sie für den Abend nach dem Besuch ihre eigenen Verabredungen haben. Unpünktlichkeit heißt dann möglicherweise, daß sie etwas für sie sehr Wichtiges versäumen, auch wenn es Ihnen vielleicht überhaupt nichts bedeutet. Wenn Sie unbeabsichtigt daran schuld sind, daß die Kinder nicht rechtzeitig zu einem Judokampf oder zu einem Treffen mit einem bestimmten Freund kommen, werden sie weniger erpicht darauf sein, wieder mit Ihnen auszugehen.

Abholen und Zurückbringen

Eine Sozialarbeiterin, die ich interviewt habe, wird jeden Samstagmorgen von ihrem Ehemann gefragt: »Wieviele Pakete erwarten wir heute?« Es ist gar nicht weiter verwunderlich, daß diese Leute sich zu bestimmten Zeiten in ihrem eigenen Haus wie ein Postamt vorkommen. Jeden Samstag zu festen

Zeiten müssen nämlich dort Kinder abgeholt werden. Wenn ein Kind zu oder von dem Besuch zu spät kommt, muß sie herausfinden, ob sich ein Plan geändert hat und warum. Das ist eine Gefälligkeit, die diese Sozialarbeiterin jetzt weniger begeistert anbietet als früher. Zum einen bitten sie jetzt derartig viele Leute darum, daß sie ein Heft mit den Einzelheiten über jedes Kind und über die jeweiligen beiden Eltern führen muß. Sie muß ihren Mann instruieren, wenn irgendwelche Schwierigkeiten zu erwarten sind. Das Ganze hat ihr gesellschaftliches Leben aufgefressen und muß jetzt etwas unter Kontrolle gehalten werden:

Wenn jemand zu mir sagte: »Ich kann ihn einfach nicht mehr sehen«, dann sagte ich: »Machen Sie sich mal keine Sorgen, Sie können mir das Kind morgens bringen und er kann es sich hier abholen, und wenn es zurückkommt, rufe ich Sie an.« Doch jetzt gehe ich nicht mehr so großzügig mit meiner Zeit um. Wenn eine Mutter Angst hat, daß sie geschlagen wird, dann ist das etwas anderes. Natürlich helfe ich dann. Oder wenn es ganz klar ist, daß das Kind seinen Vater einfach überhaupt nicht sieht, wenn ich nicht anbiete, daß er es hier abholen kann.

Es gibt – abgesehen von den Bedenken, es könnte zuviel werden – zwei weitere Gründe, die diese Sozialarbeiterin (und andere Leute wie sie) abschrecken, auf diese Weise zu helfen. Der eine ist der, daß die geschiedenen Eltern manchmal anfangen, das einfach als Teil des Jobs dieser Leute anzusehen. Das ist es nun überhaupt nicht: wenn jemand so etwas anbietet – sei es eine Sozialarbeiterin, eine Lehrerin, ein Geistlicher, ein Verwandter oder Freund der Familie, alles Leute, die diese Vermittlerrolle übernehmen können – so tut er das, weil er ein netter Mensch ist. Es ist kein Verhalten, das man als selbstverständlich hinnehmen kann. Der andere Grund zur Entmutigung ist die Einstellung der Eltern, wenn etwas mal nicht klappt. Wenn ein Kind nicht auftaucht oder zu spät kommt, oder den Pullover vergessen hat, kann man eigentlich dem Vermittler nicht die Schuld daran geben. Doch das wird oft getan. Wenn die Gefühle aufgewühlt sind, lassen weniger überlegte Eltern (ob es nun diejenigen sind, die mit dem Kind leben oder nicht) ihren Unmut an der nächsten erreichbaren Person aus. Niemand möchte gerne die Wut anderer abbekommen, wenn er doch überhaupt nicht dafür verantwortlich ist, daß alles klappt.

Dies führt zu der Frage, ob ein Vermittler überhaupt nötig ist. Es gibt extreme Situationen, in denen man ihn wahrscheinlich braucht. Oft ist diese Vermittlertätigkeit aber eine unnötige Belastung anderer Leute. Das Motiv, sich eines Mittelsmanns zu bedienen, kann sein, daß man vor einer dritten Partei die Tatsache der Trennung demonstrieren will.

Ich habe bereits auf die, in einer Studie festgestellten, vergleichsweise guten Beziehungen und guten Anpassungsleistungen bei Kindern hingewiesen, die die Möglichkeit hatten, einfach mit dem Fahrrad zwischen den beiden Wohnungen hin und her zu fahren. Hierbei gilt offenbar folgendes: leicht einzurichtende und häufige Besuche bringen weniger Aufregung mit sich. Zum anderen kann man davon ausgehen, daß die Annäherung natürlicher und weniger emotional belastet ist, wenn sie unter weniger komplizierten Bedingungen geschieht. Und es hat den Vorteil, daß dem *Kind,* genau wie den Eltern, die Möglichkeit gegeben wird, Verabredungen auszumachen oder dabei mitzureden. All dies impliziert, daß sich die Förmlichkeit eines Treffens, das von einem Vermittler zu einem festgesetzten Zeitpunkt und auf neutralem Boden arrangiert wurde, gegenteilig auswirken kann, da sich Feindseligkeit und Anspannung auf diese Weise eher hinziehen. Wenn das Abholen bei der Großmutter oder wo auch immer, die einzige Möglichkeit ist, daß auch weiterhin Besuche stattfinden und hysterische Anfälle dabei vermieden werden, schön und gut. Andernfalls lohnt es sich, die folgenden Punkte zu beachten, auf die diese drei Elternpaare hingewiesen haben:

Peter und Heinz

Wir (d. h. der weggezogene Vater und dessen zweite Frau) nahmen eine Wohnung, wo die Jungen uns mit dem Fahrrad erreichen können. Das hat vielleicht die Dinge geändert! Es war ihnen bereits klar (mit zehn und acht Jahren), daß sie einfach anrufen konnten, wenn sie Lust hatten vorbeizukommen. Doch das bedeutete vorauszuplanen, und das liegt ihnen nicht gerade. Sie handeln gerne spontan. Jetzt, mit den Fahrrädern, fällt ihnen ein, daß sie doch mal vorbeikommen und über Nacht bleiben könnten. Sie fragen ihre Mutter, und schon sind sie unterwegs. Manchmal vergessen sie völlig anzurufen, das macht es dann schwierig... Doch es ist zu schön, sie einfach auftauchen zu sehen. Sie winken durchs Fenster rein und sagen: »Vati, wir haben unser Nachtzeug mitgebracht!« Natürlich kann es *auch andersherum* laufen. Manchmal entscheiden sie sich, daß sie schon früh zu ihrer Mutter zurück wollen. Nun – das ist in Ordnung. Ich rede ihnen da nicht rein.

Sabine

Nach vielen Schwierigkeiten (unter anderem der Verabredung, Sabine bei Leuten abzuholen, die gerade an diesem Nachmittag nicht zu Hause waren, usw.) kam mir plötzlich die richtige Idee. Ich führte ein, daß Sabine mich am Dienstagabend, wenn sie von der Schule zurück ist, regelmäßig anruft. Dann besprechen wir das kommende Wochenende und was wir unternehmen werden. Ich sage ihr, dann und dann werde ich mit dem Auto bei ihrem Haus sein. Wenn sie an diesem Wochenende etwas anderes vorhat, oder wenn ich geschäftlich weg muß, besprechen wir das, reden noch über das eine oder andere und lassen alles bis zum *nächsten* Dienstag. Sie sagt ihrer Mutter immer, was wir beschlossen haben. Meiner früheren Frau wurde natürlich ziemlich bald klar, daß sie mich ruhig über alle Reisepläne, die diesen Wochenenden möglicherweise entgegenstehen, unterrichten kann. Es ist ein sehr einfaches System, und das beste daran ist, daß es *direkt* ist. Ich weiß, was Sabine will, denn es kommt direkt von ihr.
Anfangs vergaß Sabine manchmal zu telefonieren, oder ihre Mutter versuchte, sie davon abzuhalten. Ich weiß nicht genau, was es nun war – ich vermute, ein bißchen von beidem. (Sabine war acht, als wir dieses System einführten.) Ich wartete immer bis nach acht und rief dann mit besorgter Stimme an. »Was ist denn bloß mit Sabine los? Was ist

passiert? Warum hat sie nicht angerufen?« Ihre Mutter gewöhnte sich schnell daran, Sabine an den Anruf zu erinnern, wenn sie das Telefonieren vergaß.

Meine frühere Frau und ich reden immer noch nicht miteinander. Doch das müssen wir auch nicht. Ich sehe Sabine häufig (ungefähr jedes zweite Wochenende für zwei oder drei Tage), und sie redet jetzt viel leichter über die ganze Situation. Wenn es sie beunruhigt, läßt sie es sich jedenfalls nicht anmerken. Es gefällt ihr in meiner Wohnung, und sie ist glücklich bei sich zu Hause ... Ich würde jedenfalls nie mehr Briefe schreiben und sie an der Straßenecke treffen und all das Theater.

Regine

Der folgende Ausschnitt aus dem dritten Fallbeispiel muß ein wenig erklärt werden. In der Zeit, als Regine zwischen zwei und dreieinhalb Jahre alt war, hatte ihr Vater sie jede zweite Woche zu einem Besuch abgeholt. Dann lehnte ihre Mutter weitere Besuche mit der Begründung ab, das Kind »mag das nicht«. Die zweite Frau von Regines Vater – die wohl schon etwas Derartiges ahnte und auch ein schönes Fotoalbum zusammenstellen wollte – hatte bei fast jedem Besuch Fotos gemacht. Die meisten Aufnahmen zeigten ein sehr glückliches Kind. Auf Anraten seines Anwalts klagte Regines Vater um das Sorgerecht. Das Fotoalbum wurde als Beweis vorgelegt.

Der Richter vertagte die ganze Geschichte und holte dann Regine, ihre Mutter und mich in ein Nebenzimmer. Dann sagte er uns ordentlich die Meinung.

Er machte Regines Mutter Vorhaltungen, daß sie das Kind davon abgebracht hatte, sich weiter mit ihrem Vater zu treffen und mit ihm auskommen zu wollen. Aus den Fotos, so sagte er, sei klar ersichtlich, daß diese Besuche Regine gefallen, *wenn sie erlaubt sind.* Dann kam ich an die Reihe. »Solange Sie aus jedem Besuch eine spannungsgeladene Szene machen, wird es Regine nie gefallen. Wie läuft das eigentlich ab, wenn Sie Ihre Tochter abholen kommen?« Ich erzählte ihm, daß ich bei der Frau in der Wäscherei an der Ecke vorbeischaue und Regine wie verabredet dort abhole. »Na, das ist ja überhaupt schon ganz schön dumm«, sagte er. »Am nächsten Samstag – haben

Sie beide am nächsten Samstag Zeit? Ja? – am nächsten Samstag gehen Sie stattdessen zu Regines Mutter.« An meine frühere Frau gewandt sagte er: »Und Sie werden ihm eine Tasse Tee machen.« Dann sah er mir fest in die Augen und sagte: »Und Sie setzen sich hin und trinken Ihre Tasse Tee wie ein erwachsener Mensch. Der Tee wird Ihnen schmecken und Sie werden sich dafür bedanken. Zehn Minuten, dann können Sie gehen.« Wir waren alle zu überrascht, um irgendetwas dazu zu sagen.

Der alte Richter meinte, Regine würde ja eine ganz merkwürdige Vorstellung davon bekommen, wie erwachsene Menschen sich benehmen, wenn wir uns immer derartig voneinander fernhielten und nur durch Dritte verhandelten. Ich glaube, er wußte, wovon er sprach. Wir hatten ein paarmal Krach wegen Geld, doch was die Besuche angeht, lief die letzten vier Jahre alles glatt. Und wenn etwas passiert – wie damals, als Regine hinfiel und sich die Nase aufschlug – kann ich direkt mit ihrer Mutter reden und wir können uns alle treffen, wenn es sein muß. Manchmal bleibt Regine ein paar Tage. Sie hat einige Lebensmittelallergien, und wenn ich nicht genau weiß, ob ich ihr eine bestimmte Sache schenken soll, kann ich ohne weiteres mit ihrer Mutter darüber reden. Die Frau in der Wäscherei war zwar sehr nett, doch über diese Dinge wußte sie auch nicht viel.

Ach ja, wir sind übrigens nie wieder vor Gericht gegangen. Der Richter meinte, wir sollten doch gescheit sein und schnell die Anwälte bezahlen, denn so etwas könnten wir uns nicht leisten.

Es gibt ganz offensichtlich eine Verbindung zwischen diesen drei sehr unterschiedlichen Fällen. Jeder einzelne ist ein Beispiel für das erfolgreiche Aufrechterhalten des Kontaktes aufgrund einer möglichen und direkten Kommunikation, die natürlicher ist und weniger strapaziös für das Kind. Wahrscheinlich würde ein und dieselbe Lösung *nicht* in jedem Fall funktionieren. Das System bei Regine kann man sich zum Beispiel im Fall von Sabine oder gar Peter und Heinz kaum vorstellen. Jeder muß seinen eigenen Weg finden. Doch Sie werden wahrscheinlich eher Erfolg haben, wenn Sie direkt miteinander sprechen, ganz sachlich und wenig emotional. Dann wird Ihr Kind nicht ständig an starke, nur halb verstandene Gefühle erinnert, die verhindern, daß der eine Elternteil den anderen sieht oder mit ihm redet.

Nicht jedem liegt ein direktes Vorgehen. Daher sind Leute wie

die Frau aus der Wäscherei nötig. Manchmal sind die Gefühle zu heftig, und Sie brauchen einen Vermittler.
Häufig bekommen Verwandte diese Vermittlerrolle zugewiesen. (Dabei kommt es vor, daß sich dieser Verwandte die Rolle selbst *gesucht* hat.) Es bringt einen gewissen Vorteil, wenn der Verwandte in der Nähe wohnt und das Kind die Wohnung gut kennt. Und es hilft auch, wenn dieser Streckenposten mehr wie ein natürlicher Ausläufer des familiären Territoriums erscheint und nicht wie ein zufällig gewählter Punkt auf der Transsibirischen Bahnlinie. Problematisch ist es allerdings, wenn dieser Verwandte, wer auch immer es ist, sich bereits deutlich für die eine oder andere Seite ausgesprochen hat. Denn ein Vermittler muß eigentlich ein Mensch sein, den *beide* Eltern für objektiv halten und dem sie nicht zutrauen, daß er berechnend sein Spielchen treibt.
Wenn Sie sich eines Vermittlers bedienen, so mißbrauchen Sie ihn nicht. Er *muß* sich an bestimmte Regeln halten, wenn er mit beiden Eltern umgeht. Er hat ein Recht auf seine eigene Zeit und sein Privatleben. Außerdem ist es auch nur natürlich (wie es manchmal vorkommt), wenn die Kinder plötzlich feststellen, daß es ihnen bei diesem Menschen zu Hause sehr gut gefällt. Es kann ihnen dort wie in einem Himmel des Friedens ohne jegliche emotionale Spannungen vorkommen. Ärgern Sie sich nicht darüber: versuchen Sie statt dessen zu interpretieren, was das wohl bedeutet; vielleicht versucht Ihr Kind, beiden Eltern etwas sehr Wichtiges mitzuteilen – »Hände weg!« zum Beispiel.

Ihr Kind will nicht

Es ist ein sehr entmutigender Augenblick für einen Wochenendvater, wenn er zu hören bekommt: »Es tut mir leid, aber Martin will dich einfach nicht sehen.«
Was heißt das?

Manchmal kommt es völlig überraschend. Das eine Wochenende ist Martin noch da, lacht, spielt, macht mit. Das nächste Wochenende gibt es dann diese merkwürdige Kehrtwendung. Im letzten Kapitel haben wir die wesentlichen Verhaltensänderungen bei Kindern verschiedenen Alters aus getrennten Familien besprochen. Eine der häufigsten Veränderungen, die zu der plötzlichen Weigerung führt, mit dem Wochenendvater bzw. der Wochenendmutter auszugehen, ist eine Loyalitätskrise, etwa im Alter von neun oder zehn Jahren. Versuchen Sie, wenn möglich, festzustellen, welche der folgenden Punkte da eine Rolle spielen könnten. Kommen Sie nicht voreilig zu einem Schluß – besonders nicht bezüglich des erstgenannten, da Sie wahrscheinlich nur über einseitige Informationen verfügen. Die Ablehnung kann von einem oder mehreren der folgenden Gründe herrühren:

(1) Entmutigung durch den anderen Elternteil.
(2) Etwas ist unangenehm an der Art und Weise wie der Besuch arrangiert ist.
(3) Etwas ist an dem Besuch selbst unangenehm.
(4) Extravergnügen, Geschenke usw. sollen so erzwungen werden.
(5) Das Kind langweilt sich.
(6) Es zieht andere Aktivitäten vor.
(7) Es hat Angst, die Freunde seiner Altersgruppe oder einen bestimmten Freund nicht oft genug sehen zu können.

(Krankheit und Übermüdung können auch zu einer Ablehnung der Besuche führen, jedoch nicht über eine längere Zeit.) Wenn die Mutter das Kind davon abhält, zu einem Besuch zu erscheinen, kann das ein offener Versuch sein, die Bindung zu dem Vater zu zerstören. Sie kann beispielsweise sagen:

»Es ist nicht gut für die Kinder. Ich werde es nicht zulassen. Und sie wollen ihn sowieso nicht sehen.«

Eigentlich muß so etwas noch nicht einmal laut gesagt werden. Die Mutter oder der Vater können einfach die Sachen packen und in eine zweihundert Kilometer entfernte Stadt ziehen. Vorausgesetzt, es wird keine Staatsgrenze überschritten, widerspricht das nicht den gesetzlichen Vorschriften, die dem Elternteil, der das Sorgerecht nicht hat, das Besuchsrecht garantieren; tatsächlich jedoch erschwert es Besuche sehr. Einige Vorschläge, wie man dem entgegenwirken kann, finden Sie in Kapitel 9.

Im üblicheren Fall werden mit der Verweigerung von Besuchen *Bedingungen* verknüpft:

»Du hast den Unterhalt noch nicht bezahlt. Begleiche deine Schulden und du kannst dein Kind sehen.«

Wenn Sie den Unterhalt bezahlen *können* und tatsächlich damit im Rückstand sind, gibt es eigentlich kaum einen Grund zur Klage. Wenn Sie es nicht können, sollten Sie vor Gericht gehen.

Eine andere Art, Besuche zu verhindern, ist ebenfalls ziemlich häufig:

Wenn mir meine Mutter half, Mantel und Schal anzuziehen, sagte sie meist: »Jetzt läßt du mich den Rest des Tages ganz allein.« Und sie sah dann immer so aus, als würde sie gleich weinen. Eines Tages heulte ich los und sagte, ich würde nie wieder mit Vati ausgehen, ich wollte bei meiner Mami bleiben. An der Tür gab es eine Auseinandersetzung, und ich mußte wieder hochgehen. Ungefähr ein Jahr später war das weitgehend vergessen, und ich ging erneut mit ihm aus.

Wie man das herausfindet, ist eine andere Sache. Manchmal kann man es anhand der Antwort auf beiläufige Fragen wie: »Wie geht's denn deiner Mutter? Geht es ihr gut?« oder: »Ich denke, deine Mutter hat sich auf ein bißchen Ruhe und Frieden heute nachmittag gefreut, nicht wahr?« erraten.

Es gibt während eines Besuches viel Gelegenheit, daß das Kind wütend wird, einen Tobsuchtsanfall bekommt oder plötzlich in Tränen ausbricht. Das ist eigentlich sogar zu erwarten. Denken Sie immer daran: jedes normale Kind in jeder normalen Familie kann sich manchmal so aufführen. Wenn es bei den Wochenendbesuchen emotional stark geladen zugeht, kann sich eine solche Szene vielleicht sogar als ganz nützlich erweisen, denn sie liefert ein Ventil für die Gefühle. Es hat

überhaupt keinen Sinn, sich deswegen Schuldgefühle zu machen oder sich als Versager vorzukommen, wenn so etwas ab und zu passiert. Doch häufige oder ständige Tränen, Seufzer, traurige Blicke oder eine Weigerung, sich an den Besuchen zu freuen, müssen nach ihrer eigentlichen Bedeutung hinterfragt werden, bevor sie zu einer direkten Ablehnung führen.
Die Antwort kann einfach oder auch vielschichtig sein. Ein kleines sechsjähriges Mädchen verbrachte früher gerne die Wochenenden mit ihrem Vater; schließlich besuchten sie dann auch seine neue Frau zu Hause. Hier jedoch bekam sie Angst vor einem Terrier, der immer bellte, wenn sie erschien. Ihrem Vater wurde klar, daß sie den Hund nicht leiden konnte, doch er hoffte, sie würde sich an ihn gewöhnen. Plötzlich aber weigerte sie sich, sich wieder mit ihrem Vater zu treffen. Manch eine Mutter wäre versucht gewesen, das als Zeichen dafür zu sehen, daß ihre Tochter die neue Frau ihres Vaters ablehnt. Doch in diesem Fall achtete die Mutter des Mädchens tatsächlich auf alle Anzeichen – und dazu gehörten auch zwei Alpträume mit Hunden. Sie gab nun ihre Interpretation bekannt und machte den Vorschlag, es doch einmal mit einer Umgebung ohne Hund zu probieren. Sobald die Besuche auf neutralem Boden organisiert wurden, liefen sie wieder glücklich und ohne Theater ab. Schließlich wurde das Mädchen wieder mit dem Hund zusammengebracht, und man bot ihr an, die Leine zu halten. Heute hat sie nichts mehr gegen den Terrier und ist gerne bei ihrem Vater und ihrer Stiefmutter.
Dies war allerdings ein nicht allzu großes Problem. Wenn aber die Eltern sehr unterschiedliche Vorstellungen von Disziplin haben, kann das zu einem Problem führen, das sehr viel beunruhigender und auch weniger leicht auszumachen ist. Eine unterschiedliche Duldsamkeit bezüglich der Essensvorlieben, welche Kleider angezogen werden, was den Lärmpegel drinnen und draußen angeht, das Umgehen mit den Möbeln und das Aufräumen der verursachten Unordnung – all dies kann zwei unterschiedliche Lebensweisen repräsentieren, wobei jede ein eigenes Set an Regeln hat, an die das Kind sich anpassen muß.

Das ist oft nicht einfach. Eins der interviewten Kinder – ein Mädchen, das sich mit dreizehn entschieden hatte, nicht mehr zu seinem Vater nach Hause zu kommen – beschwerte sich, daß sie das Essen auf ihrem Teller bis zum letzten Bissen hatte aufessen müssen. Da es ihr in diesem Haus nie schmeckte, wurde ihr regelmäßig schlecht. Unabhängig davon hat auch ihre Mutter diesen Bericht bestätigt; sie erzählte, daß die Hosenaufschläge ihrer Tochter nach jedem Besuch immer voller dort versteckter Essensreste gewesen seien.

Dies stellt keinen Einzelfall von abweichenden Disziplinvorstellungen dar. Schließlich ist bei vielen Scheidungen einer der Gründe der, daß der eine Partner sich mit der Art und Weise wie der andere das Leben zu Hause organisieren will, unwohl fühlt. Natürlich spiegeln sich derlei Unterschiede in der Art, wie man mit den Kindern umgeht, wider. Mit ein paar Ausnahmen sind Kinder keine Chamäleons: sic sind nicht so gebaut, daß sie ihr Verhalten von Freitag auf Samstag ändern können, und sie nehmen es einem auch übel, wenn das von ihnen verlangt wird.

Natürlich haben Sie Ihre eigenen Maßstäbe und Sie haben ein Recht, darauf hinzuweisen, welche Regeln bei Ihnen zu Hause gelten. Die Frage ist nur, eine wie weitgehende Anpassung Sie vernünftigerweise verlangen können. Denken Sie daran, daß Ihr Kind sich möglicherweise nicht genau erinnert, welches Ihre Regeln waren, und vielleicht darüber reden will, warum Sie solche Regeln aufstellen und ob diese tatsächlich wichtig sind.

Manch ein Kind wird die Gelegenheit begrüßen, schnell etwas für sich einstreichen zu können, wenn es feststellt, daß Sie bereit sind, für die Freude an seiner Gegenwart zu zahlen. Das Aussetzen von Besuchen, wenn nicht irgendein Geschenk oder etwas Geld in Aussicht gestellt wird, ist ein unangenehmer, doch realer Teil des Lebens. Das geschieht gewöhnlich dann, wenn der nicht bei der Familie lebende Elternteil rücksichtslos versucht hat, Liebe und Freundschaft mit den verschiedensten Geschenken zu erkaufen. Je ähnlicher die Interessen und

Vorlieben sind, die der Vater bzw. die Mutter und das Kind haben, desto seltener wird etwas Derartiges vorkommen. Doch sobald es aufgrund von Vorschlägen wie: »Warum kommst du denn an diesem Wochenende nicht zu mir, wir könnten uns mal ein paar Fahrräder ansehen?« zur Gewohnheit wird, erlangt das Bestechungsgeschenk im Bewußtsein des Kindes mehr Bedeutung als die Beziehung selbst. Jeder ist bestechlich. Und jeder kann es demjenigen, der ihn bestochen hat, mit gleicher Münze heimzahlen.

Der folgende Grund für eine Weigerung ist besonders schwer zu akzeptieren. Nämlich dann, wenn das Kind es schlicht und einfach *langweilig* bei Ihnen findet. Niemand gibt gerne zu, daß er möglicherweise langweilig ist. Doch fast alle Kinder finden ihre Eltern manchmal langweilig. Beachten Sie, daß kleine Kinder zwar eine gewisse Voraussagbarkeit bei den periodischen Besuchen schätzen, denn das sagt ihnen, daß Sie *bestimmte* Prioritäten setzen, zu denen unter anderem das Kind selbst gehört; doch ab dem elften Lebensjahr kann sich das ganz schnell ändern. Dann nämlich – wenn sie sich sicherer fühlen – möchten sie sich so richtig ausleben. »Oh nein! Nicht schon *wieder* mit Oma Kaffee trinken.« Geben Sie nicht jedesmal nach, doch beobachten Sie, ob die Proteste, besonders die stummen, stärker zu werden scheinen. Sie sind eine Warnung, daß die Kinder sich demnächst ganz einfach weigern werden, mit Ihnen auszugehen, wenn Sie sich nicht ganz schnell etwas anderes einfallen lassen. Ein Extremfall ist vielleicht die Geschichte von Michael, der mit dreizehn immer an der Ecke auf seine Schwägerin warten mußte, die ihn mit dem Auto zur Wohnung seines Vaters brachte. Michaels Vater arbeitete nachts, und am frühen Samstagvormittag war er noch im Bett. Es bestand die strenge Regel, auf keinen Fall Krach zu machen, der ihn möglicherweise hätte stören können. Das hieß kein Radio und keine Freunde in der Wohnung. Fernsehen war erlaubt, doch nur mit abgestelltem Ton. Der einzige Platz, an dem man sich gemütlich hinsetzen konnte, war die winzige Küche. Aber um noch etwas dazuzuverdienen, reparierte

Michaels Vater Fernsehgeräte, und die Teile lagen buchstäblich überall herum. Es war absolut verboten, irgendetwas davon anzufassen, damit kein wichtiges Teil verlorenging. Die Wohnung befand sich im fünften Stock und es gab unten keinen Garten.

Was dann kam, änderte sich sommers wie winters kaum. Wenn sein Vater aufgewacht war, wollte er frühstücken und ein »gutes« Pferd für das Rennen am Nachmittag aussuchen. Meist war noch ein Fernsehgerät fertigzumachen und dem Kunden zurückzubringen. Dann gingen sie in das Wettbüro, was für Michael wieder langes Warten bedeutete, während die Männer über die Pferde redeten. Manchmal gab es etwas Gutes nach dem Rennen, ein Eis oder einen Schokoladenriegel. Manchmal auch nicht. Wenn sie nach Hause kamen, war es gewöhnlich Zeit für Michael, sich von seiner Schwägerin abholen zu lassen.

Man kann Michaels Vater nur bis zu einem gewissen Punkt kritisieren. Er hatte immer Schulden, auch wenn er hart arbeitete, um sie loszuwerden. Materiell konnte er wenig bieten. Doch er verstand nicht, daß Michael nur aus schierer Langeweile seine Nachmittage woanders verbringen wollte. Sein Vater war der Meinung, die Freunde von Michaels Mutter hätten diesen beschwatzt und dazu gebracht, den Vater für seine Armut zu verachten. Doch so wie Michael es beschreibt, bekommt man eher den Eindruck, daß er seinen Vater zwar sehr mochte, jedoch das Gefühl hatte, er habe doch recht lange in diesem freiwilligen Gefängnis leiden müssen. »Wenn Mutti und Vati nicht geschieden wären, hätte ich diese Zeit nicht mit ihm verbringen müssen, oder?« Auf diese Idee war er gekommen, als er mit Freunden in der Schule darüber geredet hatte. Als er alt genug war, legte er für sich fest, wie diese Besuche aussehen sollten. Nach einer Pause von einigen Monaten ging er wieder seinen Vater besuchen – doch nur unter seinen Bedingungen. Er kommt mit dem Fahrrad und bringt einen Freund mit; wenn sein Vater noch nicht aufgestanden ist, fährt er für etwa eine Stunde wieder fort und kommt später zurück.

Dies ist wahrscheinlich ein Extremfall. Doch er macht deutlich, mit welchen Augen ein Kind eintönige Besuche wirklich sieht. Und beachten Sie, wie Michael logisch darauf hinweist, daß ihm das in einer »normalen« Familie nie passiert wäre. Die Besuche bei dem anderen Elternteil sollen diesen Kindern jedoch *helfen*, und sie nicht vor Langeweile die Wände hochgehen lassen.

Ein wirkliches Problem entsteht, wenn es gleichzeitig um jüngere und ältere Kinder geht. Bei Kindern in verschiedenen Entwicklungsstadien ist es sinnvoller, beiden Seiten dadurch Genüge zu tun, daß man einerseits für das jüngere Kind eine regelmäßige Verabredung trifft und andererseits bei dem älteren variabel bleibt. Gelegentlich werden Sie beide zusammentreffen. Doch während jeder Sonntag für Sie eine Verabredung mit dem jüngeren Kind bedeutet, werden Sie und das ältere Kind bezüglich Ihres Treffens ganz andere Vorstellungen haben. Sie müssen diese Vorstellungen miteinander besprechen und sich dann für die eine oder die andere Idee entscheiden. So sollte das Erwachsenwerden aussehen. Ein junger, aktiver, intelligenter Mensch ist nicht nachgiebig wie Pudding; Sie können ihn in keine Form pressen.

Wenn Sie es so eingerichtet haben, daß die Wochenendbesuche – im Gegensatz zu den Tagesbesuchen – nach einem bestimmten Muster ablaufen, haben Sie eine viel größere Chance, die Bedürfnisse aller Altersgruppen zu befriedigen. Dabei hängt es jedoch davon ab, ob Sie bereit sind, zweierlei zu tun. Erstens, ob Sie Ihre Aufmerksamkeit nicht bei einem Kind dominieren lassen, und zweitens, ob Sie das Kommen und Gehen des älteren Kindes – immer in den Grenzen von dessen Verantwortungsgefühl – und die Besuche, die es von seinen Freunden bekommt, mit Gelassenheit hinnehmen können.

Dieser Abschnitt über Langeweile wäre unvollständig ohne einen Hinweis darauf, was man denn alles unternehmen kann (siehe Kapitel 5 und 6).

Doch bedenken Sie immer: Ihr Kind meint vielleicht eine viel bessere Idee zu haben, wie es sich die Zeit vertreiben könnte.

Jeder, der bei einer Sache ganz besonders gut sein möchte – ob das nun Musikmachen, Tanzen oder Wettlaufen ist – betreibt diese Sache irgendwann ganz fanatisch. Auch die fleißigen Studierer brauchen manchmal mehr Zeit für ihre Hausaufgaben.
Kämpfen Sie nicht gegen diese Attraktionen an, die Ihren Interessen entgegenstehen: *machen Sie lieber mit.*
Das heißt nicht, daß Sie in dieselben Discos gehen sollen (obzwar es bedeuten *kann,* daß Sie zum Fußballspielen, Schlittschuhlaufen und allem möglichen anderen mitkommen und zuschauen oder mitmachen sollten). Je deutlicher Sie zu erkennen geben, daß Sie bei Ihrer Zeiteinteilung zu Kompromissen bereit sind, um den Kindern zu ermöglichen, an etwas teilzunehmen, was ihnen wirklich Spaß macht, desto eher werden diese Sie mit etwas Vergnüglichem assoziieren. Sie werden mit Ihnen darüber reden, und Sie werden den Kontakt zueinander aufrechterhalten, auch wenn Sie vielleicht auf eine gewisse körperliche Nähe verzichten müssen.
Dasselbe gilt auch für Freunde. Wenn irgend möglich, sollten die Freunde Ihrer Kinder auch Ihre Freunde sein. Einige davon werden Ihnen nicht gefallen (das ist bei Eltern immer so), doch Sie dürfen in Ihrem Kind nicht nur den Einzelmenschen sehen. Wenn die Kinder älter werden, wachsen sie in zunehmendem Maße in diese Gesellschaft hinein. Stellen die Kinder fest, daß auch Ihnen das klar ist, so werden sie auch Zeit für Sie finden.

Gesundheit und Geld

Ich habe diese zwei Problembereiche bis zum Schluß aufgehoben. In einigen Fällen sind das die Punkte, die am schwierigsten zu handhaben sind.
Wenn Sie körperlich nicht in der Lage sind, auf kleine Kinder aufzupassen und dafür zu sorgen, daß ihnen in Ihrer Wohnung nichts zustößt, so ist das kein Grund für einen Abschied auf

immer. Es gibt viele Fälle, wo die Gesundheits- oder Sozialbehörde einen »Babysitter« gestellt hat, der dem behinderten Wochenendvater mit den Kindern hilft. Wenn Sie nicht völlig an das Bett oder den Rollstuhl gefesselt sind, ist es gewöhnlich einfacher, das Treffen in der Wohnung einer anderen Person zu arrangieren (oft ist das die Patentante oder der Patenonkel, doch es gibt viele Leute, die das tun würden), eine Person, die bereit ist, während des Besuchs ein Auge auf Ihre Kinder zu werfen. Wenn Sie hartnäckig darum bitten, wird Ihnen jemand in der Gemeindeverwaltung helfen und Sie an einen Sozialarbeiter oder an eine Familie mit Kindern in ähnlichem Alter verweisen, die sich freiwillig bereit erklärt haben.

Wenn Sie sich nicht bewegen können oder im Krankenhaus liegen, kann auch einmal der Pfarrer ins Spiel kommen. Besuche im Krankenhaus gehören mit zu seinen täglichen Aufgaben, und es soll schon vorgekommen sein, daß er die Kinder geschiedener Eltern mitgenommen hat. Auch Sozialarbeiter und natürlich Verwandte können da helfen, doch es ist schwer, eine gewisse Regelmäßigkeit zustandezubringen, da alle diese Leute ja auch noch anderes zu tun haben.

Es liegt auf der Hand, daß Sie keine Besuche von Ihren Kindern erwarten können, wenn zu befürchten ist, daß Ihre Krankheit ansteckend ist oder wenn Sie auf einer Station liegen, wo die Kinder sich bei anderen anstecken könnten.

In diesem Fall ist es natürlich gut, wenn man über Geld verfügt. Wenn Sie krank, aber wohlhabend sind, können Sie die meisten Dinge irgendwie arrangieren. Wenn Sie krank sind und weniger Geld haben, ist das viel schwieriger.

Die finanziellen Probleme vervielfältigen sich, sobald der eine oder der andere Teil des früheren Ehepaars sich entschließt, in eine andere Stadt zu ziehen. Wenn Sie viel Zeit und Geld aufbringen müssen, um Ihr Kind zu treffen, ist es nur logisch, daß Sie sich ausbitten, es länger sehen zu dürfen. Auch wenn der mit dem Kind lebende Elternteil darauf bestanden hat, sich streng an das juristisch festgelegte Verfahren zu halten, sind schon Gerichtsbeschlüsse so abgeändert worden, daß dies möglich wurde. Planen, sich darauf vorbereiten und darauf hinsparen kann einen einmaligen Besuch spannender machen als mehrere Besuche, wenn man in derselben Stadt wohnt. Ganz entscheidend ist jedoch, daß sich alle über den Zeitpunkt verständigt haben.

Dann gibt es noch den – allerdings nicht so dramatischen – Punkt, daß Sie mit wenig Geld auch nicht so viele aufregende Dinge mit Ihrem Kind unternehmen können, *ganz egal* wo Sie wohnen. Wenn es sich ergeben sollte, daß Sie vieles von dem ablehnen müssen, was Ihren Kindern einfällt, sollten Sie es ihnen direkt sagen: »Ich kann es mir nicht leisten.« Sie respektieren das mehr, als wenn Sie sich einfach irgendwie aus der Affäre ziehen. Doch wenn Sie sich entschlossen haben, mehr als gewöhnlich für ein Geschenk oder etwas Besonderes auszugeben, dann verderben Sie es ihnen nicht: erinnern Sie sie nicht daran, wie viele Stunden Sie haben knausern und sparen müssen. Sie haben es den Kindern gegeben, weil Sie das so wollten. Auf diese Weise werden sie sich auch daran freuen können und kein schlechtes Gewissen deswegen bekommen.

Es gibt immer *Dinge,* die Sie mit Ihren Kindern unternehmen können, unabhängig davon wieviel Geld Sie haben. Einige Vorschläge dazu finden Sie im nächsten Kapitel.

5 Kürzere Besuche

Im letzten Kapitel haben wir über einige grundsätzliche Fragen beim Besuch Ihres Kindes gesprochen. Wir haben die Probleme angedeutet, die der Verabredung eines Besuchs im Wege stehen bzw. die verhindern, daß Sie diesen in einer einigermaßen positiven Atmosphäre genießen können. Jetzt ist es an der Zeit, sich zu überlegen, was Sie dann gemeinsam *anfangen* werden. Es ist eine Sache, daß man sich überhaupt trifft. Doch Menschen wollen mehr als nur zusammenkommen.

Bei Kindern bis zu zehn Jahren sollten Sie dem Besuch ein gewisses Ritual geben. Achten Sie auf den Unterschied im Ton bei der Bemerkung eines Sechsjährigen: »Wir gehen immer diese Straße zum Bahnhof, nicht wahr?« oder wenn das ein Zwölfjähriger sagt. Das jüngere Kind wird dabei wahrscheinlich eher lächeln. Es entdeckt ein bestimmtes Muster, wie unwichtig dieses Detail auch in seiner Beziehung zu Ihnen sein mag. Das ältere Kind, das schon langsam in die Pubertät kommt, kann dieselben Worte wählen, um damit gequälte Resignation zum Ausdruck zu bringen, die etwa bedeutet: »Wir tun immer dasselbe.«

Eigentlich wollen beide bei Kurzbesuchen eine gewisse Abwechslung. Es wird nach einer Weile ziemlich langweilig, einfach nur zu einem anderen Haus oder in eine andere Wohnung zu gehen – auch wenn es da einen Garten gibt – und abwechselnd Fußball zu spielen und fern zu sehen. Das bedeutet also ein genaues Planen und Einteilen der Zeit, oft sogar ein genaues Einteilen des Geldes, und man muß im Falle schlechten Wetters ein Alternativprogramm aus dem Ärmel schütteln können. Ein interessanter Mensch jedoch zeichnet sich unter anderem dadurch aus, daß er sich interessante Abwechslungen und Überraschungen ausdenkt, daß er herausfindet, wo die eigentlichen Interessen und Begabungen der Kinder liegen, und daß er einen unerschöpflichen Bestand an Kontaktpunkten und Gesprächsthemen aufbaut. Das wollen *Sie* doch auch, oder nicht?

Aus folgenden Gründen ist eine gewisse Arbeit und Überlegung erforderlich:

(1) Wie oben erwähnt, brauchen kleinere Kinder ein rituelles Element.

(2) Sie lehnen oft (*zunächst* einmal) einen Vorschlag ab, der eine Veränderung darstellt, mit der sie noch nicht vertraut sind.

(3) Sie haben sich vielleicht genau für diesen Tag eine andere, altvertraute Aktivität mit Ihnen vorgestellt.

(4) Sie werden manchmal *zwangsläufig* eine schlechte Entscheidung treffen – die die Kinder vielleicht voreingenommen gegen erneutes »Experimentieren« macht.

(5) Was für ein kleineres Kind ideal sein kann, kommt vielleicht bei einem älteren nicht gerade gut an.

Bei Ihrem Versuch, das Angebot einmal zu variieren, müssen Sie manchmal mit den kleinen Fernsehsüchtigen sehr streng sein. Denn wenn Sie nachgeben, schränken Sie vielleicht ein anderes Kind ein, das an dieser Sendung nicht interessiert ist. Machen Sie zu Beginn des Besuches deutlich, wozu Sie sich entschlossen haben. Versuchen Sie einen Kompromiß, beispielsweise: »Nein. Heute nachmittag gehen wir zu einer Straßenbahnausstellung. Wenn wir vor vier zurück sind, kannst du dir die zweite Halbzeit ansehen.«

Und dann, seien Sie auf ein ungläubiges und verächtliches: »*Straßen*bahnen?! Oh *nein*!« gefaßt. Lassen Sie sich aber auf keine Argumente ein. Räuspern Sie sich einfach und sagen Sie: »Oh ja.«

Übrigens ist es an sich ein interessantes Symptom, wenn das Kind zielstrebig zum Fernseher geht und sich etwa eine Stunde lang etwas ansieht. Wenn dies zur Regel wird – und nicht aus einem brennenden Interesse an einer bestimmten Sendung geschieht – ist das oft ein Anzeichen dafür, daß Ihr Kind versucht, sich aus etwas herauszuhalten, was es als Gefühlsverwirrung empfindet. Indem es fernsieht, zeigt es vielleicht, daß es sich von einer Loyalitätskrise bedroht fühlt, wenn es zu engen Kontakt zu Ihnen bekommt oder in der Zeit, die es mit Ihnen verbringt, zu großen Spaß hat. Wenn es nach Hause kommt, kann es wahrheitsgemäß berichten: »Ach, wir haben nicht viel gemacht. Wir haben einfach dagesessen und ferngesehen.« Geben Sie da nicht nach. Einigen Sie sich auf bestimmte Sendungen, doch setzen Sie Regeln fest *und halten Sie sich auch daran.*

Wenn andere Dinge gleich bleiben, dann wird es immer etwas geben (ganz egal ob bedeutend oder unbedeutend), was Sie bei jedem Besuch auf die *gleiche Weise* tun werden; es wird immer etwas *Neues* geben, das Sie Ihren Kindern anbieten (sei es nun etwas völlig anderes oder etwas nur leicht abgewandeltes), und Sie sollten auch darauf achten, daß immer etwas *Aktives* dabei ist, etwas, das Sie zusammen tun können.

Ab und an wird Ihr Kind etwas Wichtiges vorhaben, und es wird Sie bitten, die Zeit mit ihm auf eine Art und Weise zu verbringen, die auch Ihre schönsten Pläne über den Haufen wirft. Kommt so etwas vor, dann wägen Sie gut ab. Gelegentlich müssen Kompromisse gemacht werden. Wenn Sie *wissen,* was Ihrem Sohn oder Ihrer Tochter wichtig ist, werden Sie sich besser auf diese Entscheidungen einstellen. Außerdem tun Sie gut daran, auch Ihrerseits ein wenig Interesse an dem zu zeigen, was die Kinder brennend interessiert. Das kann eine Sportart sein, ein Jahrmarkt am Ort, ein besonderer Film, oder das neue Skateboard oder Fahrrad. Vielleicht können Sie dabei mitmachen, vielleicht aber auch nicht. Doch erkundigen Sie sich danach; fragen Sie (und *erinnern* Sie sich dabei, was die Kinder Ihnen das letzte Mal erzählt haben).

Meistens jedoch fällt es Ihnen zu, den Tag zu planen.

Zeigen Sie ihnen, wenn möglich, wo Sie wohnen

Manchmal schämt sich der Elternteil, der nicht bei der Familie wohnt, den Kindern zu zeigen, wo und wie er wohnt. Das ist schade, denn Ihre Wohnung gehört zu Ihrer Art zu leben. Ihre Kinder sind oft sehr begierig darauf, zu sehen, was für ein Haus oder was für eine Wohnung Sie haben und wie Sie sich da eingerichtet haben. Ihr Lebensbereich ist ein Teil von Ihnen. Vielleicht werden die Kinder diesbezüglich nicht viele Fragen stellen, doch gewöhnlich werden sie eifrig die Gelegenheit ergreifen, ihre Neugierde zu befriedigen.

Dies heißt natürlich nicht, daß Sie Ihre Kinder jedesmal zu sich nach Hause nehmen sollten, wenn Sie sich mit Ihnen treffen. Doch es ist gut, einen Bezugspunkt zu haben. Wenn Sie ihnen eine Telefonnummer geben, dann hat diese Nummer eine *weit größere Bedeutung,* wenn die Kinder sie mit einem Ort verbinden können, den sie kennen. Eine Telefonnummer ist für ein Kind einfach nur eine Nummer. Doch Vati oder Mutti zu Hause anzurufen, hat eine Bedeutung. Das Kind wird dann auch viel eher zum Telefon greifen, wenn es Kontakt mit dem anderen Elternteil aufnehmen will, weil es sich unter der Nummer etwas vorstellen kann.

Es gibt noch andere Probleme, wenn man sein Kind mit zu sich nach Hause nehmen will. Zum einen die Entfernung – die vielleicht einen Aufenthalt über das Wochenende nötig macht. Zum anderen hält sich dort vielleicht jemand auf, den das Kind Ihrer Meinung nach besser *nicht* trifft, oder den zu treffen der andere Elternteil verboten hat. Diese Frage der neuen Freunde und Stiefeltern ist ein eigenes Kapitel wert. Doch man kann hier schon festhalten: wer auch immer in Ihrer Wohnung ist, diese Person gehört mit zu Ihrer Entscheidung, auf eine bestimmte Weise leben zu wollen. Außerdem können Sie, wenn Ihnen der Schritt zu groß erscheint, Ihr Kind mit diesem Menschen bekanntzumachen, immer noch eine Zeit wählen, wo Sie voraussichtlich alleine in der Wohnung sein werden.

In den Augen eines jungen Menschen ist Ihre Wohnung vielleicht ein seltsamer Ort. Machen Sie deutlich, daß diese Wohnung zu Ihrem Leben und damit auch zu dem Ihres Kindes gehört. Weisen Sie auf die Gegenstände hin, an die sich das Kind vielleicht noch erinnern kann. Und versuchen Sie, es wenn möglich so einzurichten, daß es einen kleinen Bereich gibt, der Ihrem Kind gehört bzw. in dem Ihr Kind zu bestimmen hat. Dies kann die Ecke einer Konsole sein oder eine Truhe. Fragen Sie das Kind zunächst um Rat, zum Beispiel so: »Ich habe hier dieses Bild von dir. Was meinst du, wo das wohl am besten hinpaßt?« Und seien Sie auch bereit, seinen Anregungen zu folgen. Dann können irgendwelche Dekorationsstücke – vorzugsweise etwas, das Ihr Kind früher einmal in der Schule gemacht hat – und Pflanzen oder Blumen ausgewählt werden. Der nächste Schritt hängt von Ihrer Einschätzung der Interessen Ihres Kindes ab. Ein mir bekannter Wochenendvater mußte in seinem Einzimmer-Appartement eine Sammlung von Schmetterlingen unterbringen, die seine frühere Frau nicht mehr im Haus haben wollte. Diese Sammlung sollte immer einmal sortiert, beschildert und gerahmt werden. Dies ist jedoch nie geschehen, obwohl es mehrere Anläufe dazu gegeben hat. Sein Sohn (der jetzt fünfzehn ist) vergewissert sich immer wieder, ob die Sammlung noch da ist, und zwar in einer Schachtel im Schrank. So gesehen ist es eine scheußliche alte Schachtel. Doch andererseits ist das dem Vater zugeeignetes Gebiet. Auf diese Weise werden Beziehungen gefestigt.

Ein anderer Wochenendvater hatte mehr Glück. Bei ihrem zweiten oder dritten Besuch in dem von ihm gemieteten Zimmer schaute sich seine Tochter kritisch um. Sie hatte eine sehr klare Vorstellung davon, wie man einen Haushalt führt, sogar schon mit ihren zwölf Jahren. (Sehr wahrscheinlich wurde sie zu Hause daran gehindert, ihre Pläne in die Tat umzusetzen, denn natürlich war die Mutter der Meinung, daß sie hier zu bestimmen habe.)

»Zuerst«, so kündigte sie eines regnerischen Nachmittags an, »werden wir die Möbel ein bißchen umstellen ... Dann, denke

ich, könnte das Zimmer *wirklich* eine andere Tapete vertragen.«
Die Vorstellung, den Lebensstil ihres Vaters zu verändern und zu verbessern, fesselte sie richtiggehend. Ungefähr ein halbes Jahr lang arbeiteten sie an den Wochenenden zusammen. Sie waren nicht immer einer Meinung, doch er gibt zu, daß sie viel bessere Ideen hatte als er – auch wenn sie manchmal recht kostspielig waren. Eigentlich entschloß sie sich damit, in seinem Leben eine aktive Rolle zu spielen bzw. diese aktive Rolle weiterzuspielen. Schließlich verlor sie offenbar das Interesse daran. Doch sie hatten viele Kontaktpunkte zueinander geschaffen und sehen sich immer noch häufig.
Ihre Kinder dürfen Sie nicht als ihr Eigentum betrachten. Aber sie können immer noch symbolisch Stücke von Ihnen besitzen. Sie selbst wollen doch auch einen Zugang *zu den Kindern:* also geben Sie ihnen Zugang zu *Ihrem Zuhause,* sie können so Teilaspekte Ihres Lebens für sich beanspruchen, und Sie auch besser kennenlernen.

Machen Sie etwas Aktives zusammen

Man sagt zu Recht, daß das Fernsehen die Kommunikation im normalen Familienleben untergräbt. Überlegen Sie einmal, wie zerrüttend das erst sein kann, wenn Vater und Kind jede Woche nur ein paar Stunden zusammen haben. Ich konzentriere mich hier hauptsächlich auf das Fernsehen, weil das eine passive Beschäftigung *par excellence* ist, und weil die meisten Kinder irgendwann in ihrem Leben eine Phase der Fernsehsucht durchmachen. Man könnte sogar sagen, daß sie Glück gehabt haben, wenn es nur eine vorübergehende Phase ist.
Weder Fernsehen, noch Zuschauersport, Kino, Theater, Konzerte oder ähnliches sollten verboten werden. Wenn Sie das verbieten, machen Sie es nur noch attraktiver, das gilt während

Ihrer Besuche wie auch im Alltagsleben des Kindes. Doch diese Aktivitäten sollten unbedingt kontrolliert werden.
Wenn Sie etwas Aktives mit Ihrem Kind unternehmen wollen, tun Sie etwas gemeinsam. Sie müssen dabei miteinander reden, sich anlächeln, sich etwas zuschreien, sich er- oder entmutigen, je nachdem um was es sich handelt. Sie können einen Spaziergang auf dem Land machen, Fußball spielen, sich über einen Spielplatz jagen, die Dinosaurier im Museum oder die Affen im Zoo bestaunen. Sie können zusammen einen Kurs im Bogenschießen, Töpfern, Zeichnen oder Judo belegen, im Trampolinspringen, in Archäologie oder was Ihnen sonst Spaß macht. Sie können die Köder aufstecken und die Angel im Fluß auswerfen. Oder Sie können miteinander reden – warum quadratische Gleichungen so verzwickt sind, wie bestimmte Maschinen funktionieren, oder warum ein bestimmter Mensch, zum Beispiel ein Lehrer, so schwer zu verstehen und zufriedenzustellen ist.
All das ist Aktivsein. Wenn Sie einfach ein, zwei oder drei dieser Dinge zusammen unternehmen – oder irgendetwas Ähnliches – dann werden Sie viel von jedem Besuch haben. Bestimmt mehr, als wenn Sie in einer Geschäftspause ein paar Worte miteinander wechseln.

Versichern Sie sich, daß es dem Kind gefällt

Nichts könnte schlimmer sein, als Woche für Woche auf einer Aktivität zu bestehen – so interessant sie auch sein mag –, wenn Ihr Kind diese mehr und mehr verabscheut. Hier einige Hinweise, wie Sie die Chancen vergrößern können, daß Sie *beide* Ihren Spaß haben.
Stellen Sie zunächst fest, was Ihre Kinder interessiert. Sind sie eher lernbegierig oder mehr sportlich, oder sind sie praktisch veranlagt und interessieren sich für Handwerkliches? Welche Wissensbereiche? Welche Sportarten? Welche handwerkli-

chen Dinge? Wenn Sie einige Zeit weg waren und nicht viel Kontakt zu den Kindern gehabt haben, müssen Sie sich dabei vielleicht auf Ihre Erinnerung oder zufällige Bemerkungen stützen. So weit die positiven Dinge. Sie sollten sich aber auch ein paar Sachen merken, die die Kinder *nicht mögen*. Vielleicht verabscheuen sie Sport oder hassen alles, was irgendwie auf Bildung hinausläuft, oder finden es ganz schrecklich, sich bei irgendetwas Praktischem völlig hilflos vorzukommen.

Überlegen Sie sich nun eine Reihe möglicher Dinge, die Sie miteinander tun können, und versuchen Sie dabei, das herauszufinden, was Ihre Kinder mögen, und von dem abzukommen, was sich bei früheren Treffen als eher unbeliebt erwiesen hat. Ich sage »eine Reihe von Dingen«, weil Sie sehr wohl mit Ihrem ersten Vorschlag danebentreffen können und darauf vorbereitet sein sollten, es mehrmals versuchen zu müssen. Überdies sollten Sie immer schon eine Vorstellung davon haben, was man als nächstes versuchen könnte, auch wenn Sie bereits mit dem ersten Vorschlag Erfolg hatten.

Versuchen Sie, möglichst zu etwas anderem überzugehen, *bevor* Ihr Kind von der einen Sache genug hat. Bricht man eine Unternehmung ab, bevor die Kinder ihrer müde geworden sind, so ist das gewöhnlich eine Garantie dafür, daß sie sich gerne daran erinnern. Wenn sie etwas lauthals fordern, beispielsweise: »*Bitte,* können wir nicht das nächste Mal wieder hierher kommen?« müssen Sie abwägen. Warum ihnen die Freude verderben, wenn es wirklich gut läuft? Doch Sie können vorschlagen, erst etwas anderes zu versuchen und *dann* zu entscheiden.

Erwarten Sie nicht, daß sich alles von selbst ergibt, wenn Sie einfach auf der Bildfläche erscheinen und hoffen, daß schon alles klappen wird.

»Es war dumm, sie zum Angeln mitzunehmen«, berichtet ein Vater. »Ich besorgte Angelruten für mich und die beiden Buben. Dann fuhren wir zu einem Stausee, wo jeder angeln darf, und es wurde ein völliger Reinfall. Ich hatte gedacht, es sei ganz einfach, die Haken, Köder und Schwimmer zurechtzumachen, denn so viele Kinder tun es ohne groß nachzudenken. Doch wir brauchten lange, um überhaupt herauszufinden, wie alles funktionierte, und wir verhedderten uns ständig in den Bäumen, dem Schilf und unseren Kleidern. Alle wurden wir ungeduldig und bekamen schlechte Laune, ich auch. Daß wir nichts fingen, ist ja wohl klar. Und es wurde auch noch eisig kalt.«

Damit will ich nichts gegen das Angeln sagen. Dieselbe Situation kann beim Drachensteigen, mit Modellflugzeugen oder bei irgendeiner sonstigen Unternehmung entstehen, wo man sich mit der Ausrüstung und den näheren Umständen vertraut machen muß. Es ist nur ein Fall, der zeigt, wie wichtig es ist, *genau zu planen.*

Wenn dieser Vater sich einen Abend lang die Mühe gemacht hätte, sich anzusehen, wie die Angelausrüstung funktioniert, wenn er zum Stausee gefahren wäre und sich die Stellen gemerkt hätte, von denen aus man leicht ans Wasser kommt, wenn er sich angesehen hätte, welche Schutzkleidung die anderen Angler tragen, dann wäre so ein Reinfall sehr viel unwahrscheinlicher gewesen.

Es wäre auch der Überlegung wert gewesen, was sie hätten tun können, falls die eine Sache nicht klappt. Es gibt Kinder, die weniger Geduld haben, und vielleicht wären sie mit der Zeit, wenn die Fische nicht so schnell angebissen hätten, immer unruhiger geworden. Dann wäre es gut gewesen, ihnen eine Alternative anzubieten – *bevor* sie gemeutert hätten. Vielleicht wären sie mit einem Fußball auf die nahegelegene Wiese gegangen. Oder sie hätten die Umgebung gewechselt: aus dem Angelausflug wäre eine Wanderung geworden oder sie wären zu einem Spielplatz gefahren. Irgend etwas, das die Dinge wieder in Schwung gebracht und jedes Gefühl von Frustration vertrieben hätte.

Diese »Zweitpläne« sucht man am besten so aus, daß sie hinsichtlich des dazu nötigen Energieaufwandes das *Gegenteil* des eigentlichen Planes sind. Wenn ein Kind erst angelt, ein Museum besucht, ein Modell baut, sich ein Kasperlestück anschaut – kurz, etwas Ruhiges macht – ist es eine willkommene Abwechslung, dann etwas mit großem Energieaufwand und großer Lautstärke zu unternehmen. Variieren Sie wenn möglich das Angebot. Und wenn Sie gehofft haben, es würde für ein paar Stunden mit einem Zeitvertreib wie etwa Angeln klappen, und das läuft nicht wie geplant, dann schlagen Sie schnell eine andere Aktivität vor, wo die Kinder rennen, springen, schreien und – wenn das nötig scheint – sich balgen können.

Falls etwas nicht klappt, versuchen Sie nicht, es zu erzwingen. *Warten* Sie einen Monat und versuchen Sie, die Sache aus einer anderen Richtung her anzugehen. Hier verdient der oben zitierte frustrierte Angler noch einmal zu Wort zu kommen:

Es wäre gar nicht so schlimm gewesen, wenn ich es einfach dabei belassen hätte. Doch da kam mir wieder dieses Angelzeug in die Finger, das mich eine ziemliche Stange Geld gekostet hatte, und zwei Wochen später dachte ich, jetzt könnten wir es doch noch einmal probieren. Sobald die Buben die Angelruten im Auto sahen, verzogen sie ihr Gesicht. Der eine versuchte es mit: »Mami will nicht, daß wir wieder angeln gehen, wir haben uns dabei so schrecklich erkältet.« Damit wurde ich noch fertig, indem ich sagte, sie hätten ja ihre Parkas mit, und wenn Mami sich wirklich Sorgen machen würde, dann hätte sie es *mir* ja gesagt. Also leisteten sie passiven Widerstand. Sie sagten keinen Ton. Sie gaben nur einsilbige Antworten. Sie waren fest entschlossen, jede Minute davon einfach schrecklich zu finden. Ich hatte in der Zwischenzeit den Umgang mit der Angel etwas geübt, doch ich hatte nicht mit dem starken Wind gerechnet; der machte das ganze Unternehmen zur reinsten Narretei. Die Kinder ließen sich Anweisungen geben, nahmen die Angeln in die Hand und spielten mechanisch die ganzen Bewegungen durch. Schließlich sagte ich: »Kommt, wir lassen's, wir gehen jetzt Pommes frites und Cola kaufen, und dann fahren wir zu einem Freund von mir, der eine Zielscheibe für Wurfpfeile hat. Habt ihr schon mal mit Wurfpfeilen gespielt?« Sie hätten ihre Gesichter sehen sollen. Wie Sträflinge, die Bewährung bekommen. Nur gut, daß ich das getan habe, denn ich glaube, sie wären sonst nicht mehr mit mir ausgegangen.

Eine Alternative wäre gewesen, ungefähr einen Monat zu warten und dann jemanden mitzunehmen, der *wirlich* etwas vom Angeln versteht. Er hätte eine andere Stelle aussuchen und den Jungen inzwischen irgendwelche Bücher oder Artikel über das Angeln zu lesen geben sollen. Hätte er sie beim Aussuchen des richtigen Geräts, beim Herausfinden des richtigen Köders usw. mitmachen lassen, so wären sie wahrscheinlich gefühlsmäßig in größerem Maß beteiligt gewesen. Doch im nachhinein sieht das alles natürlich einfacher aus.

Beim Angeln (wie bei jedem aktiven Hobby, das Sie soweit entwickeln wollen, daß es Ihren Kindern Spaß macht) müssen Sie darauf gefaßt sein, daß Sie die Kinder zunächst einmal zu dem Punkt bringen müssen, an dem *sie* dann begeistert sind und anfangen zu bestimmen – beispielsweise indem sie vorschlagen und bereden, wo sie hingehen wollen, welche Ausrüstung als nächstes gebraucht wird, welche Vorschläge gut und welche nur was für Waschlappen sind. Eigentlich verlieren Sie praktisch die Kontrolle über das Ganze, wenn Sie das erreichen. Doch Sie teilen dann etwas mit den Kindern, und das ist es ja doch im Grunde, was Sie wollen.

Lassen Sie genügend Raum, um auch miteinander zu reden

Manchmal müssen Kinder mehr bereden als zu anderen Zeiten. Wenn Sie sie genau beobachten, kann Ihnen das deutlicher sein als den Kindern selbst. Denn diese wissen das nicht immer.

Es ist eine Schande, den ganzen Besuch von einem bis auf Sekundenbruchteile geplanten Programm diktieren zu lassen, wenn das bedeutet, daß jede Möglichkeit für ein ruhiges Gespräch dabei verlorengeht. Unglücklicherweise kann man jedoch ein Gespräch nicht einfach so anfangen. Wenn Sie Ihr Kind beispielsweise fragen: »Gibt es etwas Besonderes, worüber du mit mir reden möchtest?« ist das ein sicherer Weg, daß es ganz bestimmt nicht redet, auch wenn das Bedürfnis dazu weiter besteht. Die Kinder sind es vielleicht nicht gewöhnt, sich Ihnen anzuvertrauen, und Sie sind sich nicht sicher, daß Sie ihnen wirklich helfen werden.

Es gibt Möglichkeiten, diese Vorbehalte zu umgehen, doch Sie müssen selbst beurteilen, was am besten funktioniert. Auch wenn Sie einen Weg gefunden haben, können Sie sich nicht darauf verlassen, daß sich die Tür zu dem, was Ihr Kind bedrückt, auf diese Weise immer aufschließen läßt. Wenn es älter wird und Sie beide sich mehr und mehr daran gewöhnt haben, wirklich tiefgehend miteinander zu kommunizieren, müssen Sie erwachsenere und natürlichere Möglichkeiten entwickeln, ein Gespräch in Gang zu setzen.

Hier einige Vorgehensweisen, die sich bei kleineren Kindern bis etwa zehn Jahre gut bewährt haben – dabei hängt es jedoch davon ab, wie weit das Kind in der emotionalen und körperlichen Entwicklung ist.

(1) Beschäftigen Sie sich mit etwas, das fesselnd ist, sich aber wiederholt. Ein gutes Beispiel für so etwas ist das Abnehmespiel mit einer Schnur. Ein weiteres Beispiel sind Bildergeschichten, bei denen Sie beide an einem mehr oder weniger komplizierten Bild zeichnen. Sie stellen so schon einen Kontakt zueinander her, bevor Sie angefangen haben, ernsthaft zu reden. Auf diese Art und Weise wird der Widerstand verringert, Fragen zu stellen oder Bemerkungen zu machen, die möglicherweise zu schmerzlich sind, um sie an die Oberfläche kommen zu lassen. Ein Wochenendvater erzählte mir beispielsweise, daß es zu den besten Gesprächen (d. h. den tiefgehendsten und letztendlich förderlichsten) immer dann kam, wenn er mit seinem Kind Schach spielte. Zum Beispiel folgendermaßen: »Wenn ich meinen Bauer hier rübernehme – das wird ein Problem für dich, Vati, nicht? Deine – hm – deine Königin gerät unter Beschuß, Vati... Redest du eigentlich jemals mit Mutti, wenn ich nicht dabei bin?«

(2) Setzen Sie die Sache in die dritte Person. So fragt ein anderer Wochenendvater seine vier kleinen Kinder auf dem Umweg über die Katze nach wichtigen Neuigkeiten: »Was hat Toby diese Woche gesagt, als er ums Haus schlich?« Wenn die Antworten ganz naheliegend sind, beispielsweise: »Er sagt: ›Miau, ich will mein Fressen! Ich will meine Milch!‹« oder

witzig: »Er sagt: ›Nieder mit den Hunden!‹«, dann ist meist nichts weiter dazu zu sagen. Wenn die Antworten jedoch weniger positiv sind, zum Beispiel: »Miau, warum schreien die Menschen so rum? Ich will doch nur schlafen«, dann kann vorsichtig nachgebohrt werden. Diese spezielle Antwort führte zu einer Diskussion über die Streitereien zwischen Bruder und Schwester, die ihnen beiden recht leid taten und ihnen Angst gemacht hatten, und über die wütenden Wortwechsel mit ihrer Mutter, die sie sogar noch mehr geängstigt hatten. Es half ihnen, diese Dinge zu besprechen.

Viele Kinder würden gespielte Geschichten mit Katzen (oder Hunden, Hamstern oder Teddybären, deren Worte und »Taten« oft der sichere Weg sind, herauszufinden, was Ihr Kind beschäftigt) verächtlich von sich weisen. Solche ernsthafteren Kinder werden manchmal erzählen, was die Großmutter ihrer Meinung nach denken muß, wenn sie zu Besuch kommt. *Zum Teil* wird das ganz objektiv sein, *zum Teil* jedoch wird die Großmutter zum Sprachrohr der eigenen Probleme der Kinder.

(3) Lassen Sie das Kind »Chef« spielen. Gewöhnlich sind Kinder von der Idee fasziniert, »für einen Tag König zu sein«. Ein Kind, das absolut nichts über seine Schulerlebnisse erzählt, wird plötzlich munter werden, wenn man es fragt: »Stell dir vor, du wärst Direktor in der Schule und könntest einfach alles tun, was du willst – was würdest du da tun?« Auch hier stehen die Zeichen gut, wenn dabei nicht viel mehr herauskommt als »den ganzen Tag Eis essen«, »jeden Nachmittag Fußball spielen« oder »die Lehrer müßten den ganzen Kohleintopf aufessen«. Doch der Wunsch, anderen Kindern oder einem bestimmten Lehrer wehzutun oder sie hinauszuwerfen oder sie ganz und gar loszuwerden, ist ein weiteres Nachfragen wert. »Bist du zufällig auf Herrn Müller gekommen oder denkst du, er ist der Lehrer, den man am ehesten in den Keller sperren sollte?« Nach und nach wird das Problem mit dem unbeliebten Herrn Müller ans Licht kommen.

(4) Lassen Sie das Kind zeichnen, oder veranstalten Sie einen

Zeichenwettbewerb. Aus der Art und Weise wie das Haus oder die Familienmitglieder gezeichnet sind, kann man manchmal ersehen, ob etwas nicht in Ordnung ist. Die Frage, warum ein bestimmter Mensch mit so großen Händen gemalt ist, kann zu einem Gespräch über die Stärke oder die Macht dieser Person führen, die vielleicht angsterregend ist. Doch halten Sie nicht irrtümlicherweise die künstlerische Leistung für den Zweck dieser Übung – die doch nur zum Reden ermuntern soll. Wenn Sie Fragen dieser Art stellen, darf Ihrem Kind nicht der Verdacht kommen, Sie würden vielleicht kritisieren, wie es malt.

Das folgende gilt für alle Altersgruppen:

(5) Eine vorzügliche Zeit für ein Gespräch ist direkt nach einer kräftezehrenden Tätigkeit oder nach einer Beschäftigung, die viel Anstrengung und Konzentration erfordert, z. B. Schwimmen. Ein Wochenendvater sagte einmal: »Ich konnte einfach nicht richtig mit Erich reden, erst als wir zehn Bahnen geschwommen waren und schnaufend am Beckenrand hingen.« Kinder reden auch leichter nach einem Langlauf oder bei der Rast gegen Ende eines langen Spaziergangs. Auch kräftiges Singen, je lauter und ausgelassener desto besser, hat einen ähnlichen Effekt.

(6) Erinnern Sie sich, worüber Sie das letzte Mal geredet haben. Wenn Ihnen das Kind immer wieder sagen muß, wer dieser besondere Lehrer ist und warum man ihn einfach schrecklich finden muß, erweisen Sie sich nicht gerade als jemand, dem man sein Vertrauen schenken sollte.

(7) Machen Sie nicht zu viele Versprechungen. Sich wohlwollend etwas anzuhören ist eine Sache. Eine andere Sache ist, sich zu überlegen, was man glauben und wo man einhaken und helfen soll. Manchmal platzt das Kind mit der reinsten Horrorgeschichte über Ärger in der Schule heraus, doch nur, um das alles einmal loszuwerden. Wenn Sie so wollen, ist es

eine Forderung nach Aufmerksamkeit, und die Einzelheiten sind bewußt übertrieben.
Doch hüten Sie sich als Wochenendvater vor dem Versprechen, als rächender Engel einzugreifen und alles anders zu machen. Vielleicht müssen Sie das in einer wirklichen Krise einmal tun. Seien Sie sich dann aber sicher, warum Sie eingreifen und was Sie damit vielleicht erreichen. Möglicherweise können Sie in der Schule oder zu Hause gar nicht helfen. Wenn Sie meinen, es lohnt sich, sich einzusetzen, dann tun Sie das unbedingt, achten Sie aber darauf, daß man Ihnen kein übertriebenes Reagieren vorwerfen kann. Und geben Sie keinesfalls irgendwelche Versprechen. Hören Sie indes gut zu, bereden Sie die Sache und sagen Sie, daß Sie versuchen werden zu helfen. Besprechen Sie zusammen, was Sie tun könnten. Das Wissen, daß Sie auf der Seite des Kindes stehen, ist gewöhnlich wichtiger als das Gefühl, daß jetzt etwas unternommen wird.

Bereiten Sie für jedes Kind etwas vor

Das eine Ihrer Kinder ist möglicherweise dreizehn, das andere fünf. Es wird Ihnen vielleicht nahe gelegt, Sie sollten beide am gleichen Tag ausführen, »weil das so am praktischsten ist«. Nehmen Sie dies nicht einfach hin. Es ist sehr unwahrscheinlich, daß ein Dreizehnjähriger an den gleichen Unternehmungen Spaß haben wird wie ein Fünfjähriger. Ist die »Bequemlichkeit« wirklich so wichtig, daß sich eins der Kinder langweilen muß?
Seien Sie zu Kompromissen bereit. Nehmen Sie mal beide mit, mal aber nur den Älteren oder den Jüngeren. Normale Familien funktionieren nur über Kompromisse. Machen Sie das wenn nötig klar.
Denken Sie als nächstes daran, daß ein Dreizehnjähriger mehr Verpflichtungen hat, jedoch flexibler ist. Er (oder sie) kann die Zeit, die er (oder sie) mit Ihnen verbringt, mit besprechen und

auch festlegen, vorausgesetzt, alle Beteiligten werden zuvor davon in Kenntnis gesetzt.
Kurze Besuche bei Kindern verschiedenen Alters verlaufen manchmal gut, sie können aber auch frustrierend sein. Wenn es so ist, daß Sie entweder beide Kinder nehmen sollen oder gar keins treffen dürfen, bestehen Sie dafür von Zeit zu Zeit auf einem langen Wochenende. Dies wird Ihnen die Möglichkeit geben, mit jedem der Kinder eine bestimmte Zeit verbringen zu können, und Sie können es dann auch so einrichten, daß jedes etwas von den Dingen tun kann, die ihm besonders am Herzen liegen.
Nehmen wir einmal an, Sie haben eines Samstags beide Kinder für den Nachmittag – einen Dreizehnjährigen und einen Fünfjährigen. Mit Geduld und etwas Phantasie können Sie es schaffen, daß auch das verhältnismäßig gut geht.
Versuchen Sie zunächst einmal, das ältere Kind auf Ihre Seite zu bekommen. Bitten Sie es, Ihnen mit dem Jüngeren zu helfen. (Wir lassen die beiden einmal Bruder und Schwester sein.) Bereden Sie mit dem Bruder, welche Spielsachen und Spiele die Kleine im Augenblick besonders mag, was sie gerne ißt und trinkt, und woran man möglicherweise erkennen kann, daß sie gleich wütend wird. Bitten Sie ihn um Rat und hören Sie auf das, was er sagt. Er soll mitbekommen, daß sie dieses Problem mit ihm zusammen angehen müssen, und er wird das als Kompliment ansehen. Vielleicht hat er praktische Vorschläge, vielleicht auch nicht. Aber er wird motiviert sein, Ihnen zu helfen. Und außerdem wird jedes mögliche Aufkommen von Eifersucht der Schwester gegenüber dadurch umgangen (vielleicht nicht ganz), daß er sich von Ihnen auf die Stufe der Erwachsenen gehoben fühlt.
Nehmen Sie Ihr kleines Mädchen ruhig hoch und drücken Sie sie so richtig. Erzwingen Sie aber nichts. Wahrscheinlich hat sie dies jedoch sehr gern. Wenn Sie ihr nicht schon *früh* am Nachmittag auf diese Weise Ihre Zuneigung zeigen, wird sie den ganzen Tag ständig darauf aus sein und möglicherweise immer frustrierter und weinerlicher werden. Vielleicht möchte

sie sich ein wenig mit Ihnen herumbalgen. Gut so. Muß sie Ihnen gegenüber irgendwelche Aggressionen ausagieren, so ist dies auch gut. Ermuntern Sie auch den älteren Bruder, bei jedem Knuddeln oder jeder Balgerei mitzumachen. Geben Sie ihm das Gefühl, daß auch er dazugehört.

Wenn Sie nach draußen gehen und sich dort aufhalten können, umso besser. Spiel- und Erholungsplätze eignen sich für gemischte Altersgruppen ganz ausgezeichnet. Denn hier besteht die Chance, daß das eine Kind einen Freund oder ein anderes Kind trifft, in dessen Nähe es spielen kann, während Sie sich um das andere Kind kümmern. Oder das eine kann die Schaukel ausprobieren, während Sie mit dem anderen Ball spielen. Die Hauptsache ist, daß Sie auf defekte Geräte achten (die gibt es sehr häufig) und bereit sind, schnell zur Hilfe zu eilen, wenn Ihr Kind ein zu gewagtes Kletterkunststück auf dem dazu herausfordernden Metallgerüst ausprobiert.

Beim ersten Anzeichen von Langeweile machen Sie am besten einen Spaziergang mit den Kindern – doch gehen Sie nicht zu weit, es sei denn, Sie wollen Ihr kleines Mädchen zumindest ein Stück des Weges tragen.

Wenn Sie im Freien sind und Ihr Junge mit etwas Bestimmtem spielen will – z. B. Fußball oder einen Drachen steigen lassen – so ist das ganz in Ordnung. Sie müssen aber entweder für Ihr jüngeres Kind irgendeine fesselnde Sache besorgen, die es ablenkt, oder selbst die Aufgabe übernehmen, es zu unterhalten. Vor allen Dingen, halten Sie die Kleine davon ab, sich an der Ausrüstung zu schaffen zu machen, die Ihren Sohn so fasziniert: wenn irgendwas passiert, wird er Sie beide dafür verantwortlich machen. Nehmen Sie sich ein, zwei Mal die Zeit, für die Aktivität Ihres Sohnes Interesse zu zeigen, intelligente Fragen zu stellen und ihm freundliche Ratschläge zu erteilen. Doch es geht dabei mehr darum, einen Rahmen für seine Tätigkeit zu setzen und diesen auch aufrechtzuerhalten, so daß er dieser Tätigkeit weiter nachgehen und ein wenig stolz darauf sein kann, daß Sie ihm zusehen und vielleicht gar ein wenig von ihm lernen.

Ihr kleines Mädchen kann still sein oder überaktiv oder aber sich in einem Zustand dazwischen befinden. Wenn sie dazu neigt, schnell von einer Sache zur nächsten zu springen, müssen Sie sich eben darauf einstellen. Sie können es nicht *ändern,* daß sie sich leicht ablenken läßt, und Sie können auch nicht ihr Bedürfnis unterdrücken, herumzurennen, auf und ab zu hüpfen und sich ständig in Gefahr zu bringen. Sie müssen fit sein und auch bereit, sich ein bißchen kindisch aufzuführen, wenn Sie diesen Nachmittag glücklich hinter sich bringen wollen. Spielen Sie Fangen mit ihr – lassen Sie sich nach einigen Mühen immer fangen. Sagen Sie zu ihr, Sie sind eine Insel im Meer, und lassen Sie sie auf ihrer Brust herumtanzen. Werfen Sie den Mantel auf den Boden und sagen Sie, das sei ein Schiff – wer darauf sei, sei sicher. Auf Phantasiespiele dieser Art reagiert sie vielleicht eine Minute lang, vielleicht aber auch eine halbe Stunde – doch sie wird sich nicht langweilen. Nebenbei, je mehr Sie sich einfallen lassen, desto eher wird Ihr Sohn versucht sein, vom Fußballspielen herüberzukommen, Ihnen zuzusehen, seine Kommentare dazu abzugeben und schließlich auch eigene Ideen einzubringen.
Vermeiden Sie Spiele im Freien, die die körperliche Ausdauer bzw. die Geduld Ihres jüngeren Kindes zu sehr fordern. Ihr Junge will vielleicht eine Fahrradtour mit Ihnen machen. Verlegen Sie das auf ein andermal. Auch mit Sturzhelm, Windjacke und Handschuhen ausgerüstet, wird Ihr Mädchen sich schnell tödlich langweilen und sich zuguterletzt auch noch eine Erkältung holen. Doch ein Jahrmarkt oder andere Orte und Ereignisse, wo es viele unterschiedliche Attraktionen gibt – Zoos, Parks, sogar eine Traktorenausstellung im Freien – können für Sie alle drei anregend sein.
Natürlich kann es vorkommen, daß es regnet. Machen Sie jetzt nicht nur einen ausführlichen Einkaufsbummel. Wenn Sie einkaufen, dann handeln Sie das kurz ab. Wie bereits in einem der früheren Kapitel diskutiert, ist die Tatsache, daß Sie ihnen etwas schenken, für Ihre Kinder wichtiger als das Spielzeug oder Kleidungsstück, ohne das sie nicht mehr leben zu können

glauben. Bei zwei Kindern im Alter von fünf und dreizehn haben Sie es sowieso mit einer Konkurrenzsituation zu tun. Jedes interessiert sich für etwas anderes, doch jedes (auch das ältere) will auf keinen Fall verpassen, was Sie dem anderen schenken. Keines interessiert sich sonderlich für die Abteilung im Spielzeug- bzw. Sportgeschäft, die das andere fasziniert. Alles in allem, je schneller Sie aus den Läden wegkommen, desto besser für die Laune aller Beteiligten und desto weniger frustrierend ist der Einkaufsbummel.

Manchmal werden Sie jedoch etwas mit ihnen einkaufen müssen, und wenn es nur ein Schokoladenriegel oder etwas Obst ist. Einige Tips, wie Sie sich dies leichter machen können:

(1) Fragen Sie das ältere Kind um Rat, was Sie für das jüngere kaufen sollen, und machen Sie das Ganze zu einer gemeinsamen Unternehmung.

(2) Lassen Sie ein Kind, das noch keine zehn Jahre alt ist, nicht zwischen verschiedenen Sachen auswählen. Es wird die Angelegenheit endlos hinauszögern, es sich anders überlegen, den Bruder und die Verkäuferin wütend machen ... Es scheint hart, doch es ist besser, wenn Sie sich schnell noch einmal vergewissern und dann entscheiden: »Du magst doch Lakritz, Tessa? Gut. Hier hast du welche.«

(3) Es ist etwas anderes, wenn Sie ihnen ein Taschengeld geben oder wenn sie *ihr eigenes* Geld ausgeben wollen. Da ist es ihr gutes Recht, sich etwas auszusuchen. Doch warten Sie *vor* dem Laden bzw. in einer gewissen Entfernung von der Ladentheke. Sie werden feststellen, daß die Kinder ihre Geschäfte dann wesentlich schneller abschließen.

(4) Fragen Sie Ihr älteres Kind schnell, was es haben möchte. Wenn Sie es sich nicht leisten können, dann sagen Sie es ihm ohne große Umschweife. Hat es eine klare Vorstellung, was es will, und bleibt das in Ihrem finanziellen Rahmen, so zwinkern Sie ihm zu und flüstern Sie dann der Kleinen ins Ohr: »Würdest du mir helfen, etwas für Michael zu besorgen?« Wieder lassen Sie alle an der Unternehmung teilnehmen und vermeiden so, daß sich irgendwer langweilt. Es ist jedoch eine heikle

Angelegenheit, wenn derjenige, der das Geschenk bekommen soll, ein Dreizehnjähriger ist. Daher das vorbereitende Zwinkern.

Läden sind jedoch nur ein Ersatz für etwas Aktives. Einkaufen nimmt in meinen Augen einen ähnlichen Rang ein wie Fernsehen. Halten Sie daher immer eine Liste mit Aktivitäten bereit, die Sie im Lauf der Woche erweitern können, wenn Ihnen etwas einfällt. Am besten machen Sie vier Spalten mit den folgenden Überschriften:

Unternehmungen	Zeit	Michael (13)	Tessa (5)
Naturwissenschaftliches Museum	Mo–Sa 10.00–18.00 So 14.30–18.00	Ja	*Ja?*
Zoo	im Sommer 9.00–18.00 im Winter 10.00–17.00	Ja	Ja
Puppenausstellung	am Wochenende 13.00–18.00	*Nein?*	Ja
Kindertheaterkurs	Sa 10.00–12.00	*Ja?*	*Ja?*

Lassen Sie Platz für weitere ähnliche Aktivitäten außer Haus. Es ist recht nützlich, wenn Sie unter jeder »Unternehmung« vermerken, wie Sie dorthin kommen und wie lange die Anfahrt dauert.

Die Liste wird mit Aktivitäten fortgesetzt, die Sie an regnerischen Tagen zu Hause oder bei einem Freund vorbereiten können. (Manchmal werden die Kinder davon so begeistert sein, daß sie diese Dinge auch an schönen Tagen machen wollen.)

Ob »Ja« oder »Nein« gerade oder kursiv geschrieben ist, hängt davon ab, wie sehr die Kinder die jeweilige Aktivität mögen bzw. inwieweit diese als Möglichkeit akzeptiert wird, Vati (oder Mutti) dabei zu helfen, die kleine Schwester ruhig zu halten.

Aktivität	Höchstdauer	Michael (13)	Tessa (5)
ein Puppenhaus bauen	1 Stunde höchstens	*Ja*	Ja
ein Album anlegen	1/2 Stunde höchstens	Ja	*Ja*
Kartenspielen	1/2 Stunde	*Ja*	Ja
Briefmarken-sammlung	1/2 Stunde	Ja	*Nein*
Malen usw.	1/2 Stunde	*Ja*	Ja

Haben Sie viel Platz (und liebenswürdige Nachbarn), dann können Sie auch Aktivitäten in Ihre Liste aufnehmen, die einen größeren Energieaufwand erfordern und lauter sind. Ein Wochenendvater bietet Handballspielen, Kegeln, Ringen und eine Art Bogenschießen an (das jedoch nicht gleichzeitig) – er hat in seinem Haus einen großen Raum, mit dem er sonst nichts anfangen kann. Ein paar Kinder aus dem Ort kommen dann wohl auch und spielen an regnerischen Wochenenden mit, was gerade gespielt wird. Je erfolgreicher Sie also mit Ihren Vorschlägen sind, desto eher müssen Sie feststellen, daß Ihr Haus fast zu einem Jugendzentrum wird.

Schauen Sie also an einem Tag für einen Kurzbesuch, wenn Sie am Morgen feststellen, daß der Himmel grau in grau ist und der Wetterbericht Sturm und Regen voraussagt, auf Ihre Liste. Entscheiden Sie, was wohl am besten ist: einen Teil der Zeit auf eine organisierte, offiziellere Aktivität zu verwenden und den Rest zu Hause verbringen oder die ganze Zeit nur das eine oder nur das andere zu tun. Da Sie zwei Kinder verschiedenen Alters haben, ist es meist am ratsamsten, die Zeit aufzuteilen, damit auch wirklich etwas besonders Interessantes für *jedes* Kind dabei ist. Die Zeiteinteilung – und das Geld – werden das jedoch nicht immer möglich machen.

Entscheiden Sie sich also für eine Unternehmung von der ersten Hälfte der Liste und für zwei oder drei Dinge von der zweiten. Halten Sie immer ein oder zwei Alternativen bereit, falls eins der Kinder plötzlich völlig gegen etwas rebelliert, von dem Sie annahmen, es würde dies gerne tun. Versuchen Sie möglichst, die Liste immer weiter aufzustocken. Und kennzeichnen Sie alles, was gut angekommen ist.

Einigen Wochenendeltern fällt oft einfach nichts Neues ein, das man noch unternehmen könnte, besonders zu Hause. Doch Anregungen gibt es überall. Schauen Sie sich einmal die Broschüre mit den Kursangeboten der Volkshochschule durch; man kann sich gut davon inspirieren lassen. Sie müssen noch nicht einmal den Kurs belegen. Es geht bloß um die Idee – ob es nun Modellieren ist, etwas über Maschinen lernen, ein Puppentheater bauen, Schmuck basteln ... Sie müssen dann nur noch herausbekommen, wie Sie die Sache erst einmal im kleinen Rahmen beginnen und dann etwas zulegen, wenn alle feststellen, daß es ihnen gefällt.

Geld und Zeit werden immer einschränkende Faktoren sein. Für Ihre Kinder – für das ältere wie das jüngere – sind jedoch oft die befriedigendsten Aktivitäten diejenigen, die fast ohne nachzudenken und mit einem Minimum an Ausrüstung anzufangen und wieder fallenzulassen sind. Ihre fünfjährige Tessa wird, da bin ich fast sicher, den Augenblick am meisten genießen, wenn Sie sich auf alle viere niederlassen und zu einem Wolf werden (ein freundlicher Wolf, beachten Sie das – nicht zu wild) und sie einladen, auf Ihrem Rücken zu reiten. Michael möchte gerne wissen, wann er Ihre Arme endlich beim Ringkampf nach hinten drücken kann. Beide werden mit Ihnen um die Wette rennen wollen. Beide werden mit Ihnen ihre Art Fußball spielen wollen. Haben Sie schon einmal versucht, mit einer Fünfjährigen auf den Schultern flott mit einem Dreizehnjährigen zu kicken? Wenn das so ist, haben Sie große Chancen, daß aus Ihnen ein guter Wochenendvater wird.

Um sicherzugehen, daß keins der nebensächlichen Dinge schiefläuft, die kurze Besuche so leicht verderben können, kontrollieren Sie schließlich folgendes anhand einer Liste, die Sie mit der Zeit auswendig können:

(1) Überlegen Sie sich, wo und wann Sie etwas essen und trinken werden.

(2) Legen Sie den Kindern kurz vor dem Weggehen noch einmal nahe, auf die Toilette zu gehen.

(3) Passen Sie auf und fragen Sie in regelmäßigen Abständen nach, ob jemand auf die Toilette gehen muß (wie oft hängt vom Alter der Kinder ab). Doch fragen Sie nie, wenn keine Toilette zu sehen ist – der Gedanke besitzt eine beträchtliche Suggestivkraft.

(4) Zählen Sie kurz vor dem Weggehen, und dann immer mal wieder, die Kleidungsstücke, Päckchen, Spielsachen oder anderen Gegenstände nach, die Sie verlieren könnten.

(5) Machen Sie sich Gedanken darüber, was Sie bei folgendem tun werden, und zwar bevor es tatsächlich dazu kommt:
Schnitte und Schürfwunden,
Nasenbluten,
Durchfall,
wenn etwas passiert, wo man einen Arzt zuziehen muß,
eine Autopanne,
wenn Sie am Abholort niemanden vorfinden.

(6) Will Ihr Kind sich – aus was für Gründen auch immer – außer Sichtweite begeben, dann machen Sie zuvor immer einen klaren Treffpunkt für später aus.

(7) Merken Sie sich die Namen der wichtigsten Freunde Ihrer Kinder gut, so daß Sie vernünftig nach diesen fragen und diesbezügliche Fragen beantworten können.

(8) Fragen Sie gegen Ende des Besuchs, kurz bevor die Kinder weggehen, ob sie Ihnen irgendetwas hatten sagen sollen.

(9) Fragen Sie sich selbst, ob *Sie* den Kindern irgendwelche Kleidungsstücke, Schlüssel oder Informationen mitgeben müssen.

(10) Haben Sie immer Papiertaschentücher dabei.

6 Längere Besuche

Mit die schönste Zeit in seiner Kindheit, an die sich Robert – jetzt zwanzig – erinnern kann, war als er zehn war und sein Bruder und seine Schwester dreizehn bzw. zwölf. Er erinnert sich daran, wie sie zu dritt immer den Vater besuchten, der etwa vier Jahre zuvor die Familie verlassen hatte.
Die Wohnung seines Vaters bestand aus zwei Zimmern, einem Flur und einer kleinen Küche. Mehrere Monate lang verwandelte sich eins dieser Zimmer jedes zweite Wochenende in einen Schlafsaal, in dem die drei Männer in Schlafsäcken auf dem Boden schliefen; das Schlafzimmer war das Reich der Schwester.

Ich weiß gar nicht, warum es eigentlich solchen Spaß machte. Es war verrückt, wirklich. Eigentlich war es nicht recht von Vati, daß er uns so bei sich unterbrachte. Er bat uns, Mami nicht genau zu erzählen, daß wir wie die Sardinen zusammengepfercht waren. Ich vermute jedoch, daß Mami sowieso mehr oder weniger wußte, was sich da abspielte. Aber es war einfach toll für uns. Es war alles so anders als bei Mami, wo jeder von uns sein eigenes Zimmer hatte und alles nett und sauber sein mußte. Wir saßen immer in unseren Schlafsäcken herum, tranken Apfelsaft oder Kakao, spielten Karten oder redeten nur. Wir redeten Stunden um Stunden. Wenn jemand schlafen wollte, schlief er einfach; bzw. Muriel ging dann in Vatis Schlafzimmer. Eines nachts im Sommer, als es sehr heiß war, machten wir die Tür zum Balkon auf und legten die Schlafsäcke mit dem Kopfende nach draußen, um es ein bißchen kühler zu haben und etwas Luft zu bekommen. Und mitten in der Nacht mußte es dann natürlich ein Unwetter geben! Ich schwöre Ihnen, ich habe in meinem ganzen Leben nicht so gelacht.

Bezeichnenderweise war das laut Robert die beste Zeit in der Beziehung zu seinem Vater, die er als Kind hatte. Damals fühlte er sich diesem am nächsten, genoß seine Gesellschaft sehr und schätzte ihn über alles. Zuvor waren die Besuche kürzer und schwer einzurichten gewesen, da es Streitereien über Geld und über das Besuchsrecht gab. Später, als sein Vater sich mit einer geschiedenen Frau und deren zwei kleinen Kindern zusammengetan hatte, kam nie mehr so richtig diese Vorstellung auf, sie beide könnten sich uneingeschränkt jederzeit ihre Gedanken – alle ihre Gedanken – mitteilen. Sie trafen sich auch weiterhin, aber weniger häufig. Geradezu komisch war, daß die Freundin seines Vaters – dessen jetzige Frau – damals in einem großen gemütlichen Haus mit mehreren Gästezimmern wohnte. Jeder hatte ein eigenes Zimmer und ein eigenes Handtuch, und ein Anstehen an der Toilette gab es auch nicht. Doch irgendwie fehlte etwas.

Was ich damit sagen will ist, daß Sie es sich selbst und Ihren Kindern sehr schön machen können, auch wenn Sie ihnen nicht das bieten können, was »sie gewohnt sind«. Manchmal ist es ein richtiggehendes Abenteuer, wenn Sie besprechen müssen, wo jeder einzelne schläft, wo die Kleider verstaut werden können und wie überhaupt alles funktionieren soll. Kinder mögen Abenteuer. Es gibt da natürlich Grenzen, gewisse sicherheits-, gesundheits- und hygienebedingte Überlegungen, die Sie nicht außer acht lassen dürfen. Doch ein paar Einschränkungen des leiblichen Wohlergehens dagegen sind unbedeutend. Es ist fast sicher, daß Ihre Kinder sich besser anpassen können als Sie selbst.

Einige Wochenendeltern machen sich jedoch große Sorgen – wahrscheinlich aus Stolz und Unsicherheit – wie sie in den Augen ihrer Kinder und auch ihres früheren Ehepartners alles richtig machen können. Sie schieben es immer wieder hinaus, einmal einen längeren Besuch auszumachen, bis es fast zur Gewohnheit wird, das zu vermeiden. Damit vergeben Sie sich eine gute Gelegenheit, Ihre Kinder besser kennen und verstehen zu lernen.

Manchmal gibt es gar keine Wahl; eine Grundregel jedoch, um lange Besuche erfreulich zu machen, ist die, keinesfalls zu versuchen, zu schnell zu viel zu unternehmen. Kinder aller Altersklassen brauchen eine gewisse – unterschiedlich lange

– Zeit, bis sie sich angepaßt haben und ein paar frohe Tage mit ihrem anderen Elternteil verleben können. Mit fünf wie mit fünfzehn kann es immer zunächst große Probleme geben. *Jedes* Kind unter fünf Jahren beunruhigt sich normalerweise, wenn es nicht bei seiner Mutter ist – oder bei der Person, die die Mutterrolle einnimmt – und am besten verzichtet man auf lange Aufenthalte (d. h. auf Besuche von mehr als zwei Tagen), bis es sich mit der Vorstellung angefreundet hat, daß das Leben in beiden Wohnungen glücklich weitergehen kann. Ich rate Ihnen, – ganz unabhängig davon wie alt Ihr Kind ist bzw. Ihre Kinder sind – an einem Wochenende anzufangen und das dann zu erweitern. Damit umgehen Sie das Problem, daß sich die Beunruhigung des Kindes – die anfangs völlig natürlich ist – zu der Angst verfestigt, daß es kein Entrinnen gibt. Wenn es wieder soweit ist, erinnern sich die Kinder an diese Angst. Doch was die Beunruhigung angeht, so erinnern sie sich glücklicherweise daran, daß sie sich gelegt hat und sie das, was sie von ihrem Problem abgelenkt hat, doch genossen haben.

Und versuchen Sie schließlich, sich bezüglich des Besuches zuversichtlich zu geben. Möglicherweise wird es Ihnen im Innersten an Zuversicht *mangeln.* In vier von fünf Fällen wird sich der Elternteil, der das Sorgerecht hat, anläßlich des ersten längeren Besuchs beunruhigen. Auch wenn es vor Gericht über das Sorgerecht nicht zu einem »Gezerre« um die Liebe der Kinder gekommen ist, besteht doch ständig die Furcht, die Kinder zu verlieren, und diese Furcht wird sich in einer Unmenge von Fragen danach Ausdruck verschaffen, ob der Ort für den Aufenthalt des Kindes geeignet ist, ob auch auf seine Gesundheit geachtet wird und darauf, daß es ißt und rechtzeitig ins Bett kommt. Wenn die Beziehung des Kindes zu dem Elternteil, der das Sorgerecht hat, nicht ganz stabil ist, besteht immer eine hintergründige und schleichende Angst. Nämlich der Verdacht, daß Ihr Kind vielleicht lieber bei Ihnen ist; daß es an dem Zusammensein mit Ihren Freunden oder Ihrer neuen Partnerin Gefallen findet; daß seine Werte und der Lebensstil, den es entwickelt, von Ihnen beeinflußt wird. Es ist also nicht die Angst, das Kind auf der Stelle zu verlieren, sondern die Angst, langfristig die Kontrolle über es zu verlieren. Beides sind sehr starke Ängste. Manchmal sind sie gerechtfertigt. Einem Kind, besonders einem kleinen Kind, teilt sich Angst sehr schnell mit. Es muß überhaupt nichts gesagt werden: es ist, als würde das Kind spüren, daß aus irgendeinem Grund mehr Adrenalin ausgeschüttet wird, und das nimmt es zum Anlaß, auch Anspannung zu zeigen. Daher sind so viele Kinder bei längeren Besuchen anfangs nervös. Ihre Aufgabe ist es, hier ein wenig Verständnis und bei Tränen und ständigen Meinungsumschwüngen ein wenig Geduld zu zeigen. Ihre *Zuversichtlichkeit* wird das stärkste Argument sein, die Angst zu besänftigen. Auch Reden kann helfen, doch lassen Sie lange Erklärungen: die gehören in die Welt des logischen Denkens, nicht in die der Emotionen.

Bei kleineren Kindern ist es immer besser, sie haben, bevor sie in Ihre Wohnung kommen, irgendeine Vorstellung davon, wohin Sie sie bringen werden. Das heißt, es sollte ein Wiedererkennen geben, wenn sie ankommen, keine Verwirrung oder Enttäuschung und kein Gefühl des Verlassenseins. Wenn Sie Ihrem Kind bereits bei einem kurzen Besuch gezeigt haben, wo Sie wohnen und wo das kleine Zimmer ist, das Sie für es vorbereitet haben, fällt der Übergang zu einem längeren Besuch leichter.

Kinder, die sieben oder acht sind – auch hier hängt es wieder stark von der emotionalen Reife des Kindes ab und davon, ob es Vertrauen in Sie als kompetenten Elternteil gewonnen hat, der wirklich ein normales Leben organisieren kann – empfinden das Ausprobieren von etwas Neuem wie eine Forschungsexpedition oder ein Abenteuer. Wenn Sie planen, zusammen mit den Kindern zu zelten oder eine andere Urlaubsreise zu machen, wird es ihnen gefallen, die Landkarten, Routen und die Photographien der Gegend gemeinsam anzuschauen. Doch versuchen Sie nicht, ein ängstliches Kind, das sich noch nicht daran gewöhnt hat, gelegentlich das Leben mit Ihnen zu teilen, plötzlich mit einem solchen Ausflug zu konfrontieren.

Anja hat die letzten fünf Jahre jedes dritte Wochenende bei ihrem Vater verbracht. Während der Ferien wurden aus diesen Wochenenden oft ein oder zwei ganze Wochen. Sie ist jetzt zehn Jahre alt. Trifft man sie in der Wohnung ihres Vaters, so ist sie eifrig bemüht, es dem *Gast* gemütlich zu machen. Anja macht nur zu gerne eine Führung durch die Wohnung und weist mit einem gewissen Stolz auf die Besonderheiten ihres Zimmers hin. An der Tür ihres Halbbruders hält sie inne und klopft an, doch das ist ungefähr die einzige Förmlichkeit in ihrem Umgang mit Jochen, dem sechsjährigen Sohn aus der jetzigen Ehe ihres Vaters.

Anja weiß, wo alles steht und wie alles funktioniert. »Das nächste Mal, wenn ich wieder herkomme, werden Marion und ich die Küche streichen«, sagt sie und meint damit die jetzige Frau ihres Vaters. Sie ist in diesem Haushalt *aktiv* und empfindet einen gewissen Stolz und ein gewisses Verantwortungsgefühl was den äußeren Eindruck und die Gemütlichkeit dieser Wohnung angeht.

Den Ausgangspunkt dieser gefühlsmäßigen Besetzung der Wohnung bildet ihr Zimmer. Das ist ein kleiner schlauchartiger Raum, der auch als Abstellkammer und manchmal, wenn Anja nicht da ist, als Arbeitsraum dient. Doch die meisten ihrer Sachen werden nicht von der Stelle gerückt. Ihr Bett, der Bettüberwurf, die Plakate an den Wänden, die Spieltiere auf der Fensterbank sind alles Objekte, die immer da sind und die sie jedesmal wieder vorfindet, wenn sie zurückkommt. In der einen Ecke ist ein Platz zum Aufhängen der Kleider abgeteilt, den Vorhang davor hat sie selbst mit ausgesucht. Hier sind alle möglichen Kleider aufbewahrt; weitere Kleidungsstücke sind in einem kleinen Schränkchen mit zwei Schubladen neben ihrem Bett gestapelt.

Auf zwei wichtige Dinge ist hier hinzuweisen. Erstens: Anja hat ihren »eigenen Bereich«. Es gibt einen Platz, der ihr gehört – wohin sie sich zurückziehen kann, wenn sie krank ist oder sich unglücklich fühlt. Alle Menschen brauchen etwas Derartiges, wenn sie sich in einem neuen Haus wohlfühlen sollen. Zweitens ist das Zimmer von Anja zwar klein und überhaupt nicht üppig. Ein eigenes Zimmer war in einer so kleinen Wohnung schwer einzurichten. Doch ihr Vater legte, zusammen mit Marion, Wert darauf, daß es dennoch ermöglicht und für Anja zu etwas ganz Persönlichem wurde. Ihr Vater erzählte mir:

Sie besitzt eigentlich zwei Zuhause. Ich denke, wenn ein Kind schon eine getrennte Familie hat, dann verdient es, daß man aus diesen zwei verschiedenen Zuhause das Beste für es macht. In gewisser Weise macht sie das glücklich. Sie hat in der Tat bei anderen Kindern damit angegeben, daß sie nicht nur ein Zimmer und ein Sortiment von Spielsachen besitzt, sondern zwei. Sie wächst in dem Bewußtsein auf, daß sie zwei verschiedene Haushalte kennt und an beiden beteiligt ist. Das ist zweimal soviel wie es ein »normales« Kind bekommt.

Es ist nur natürlich, daß er dem Außenseiter erklärt, wie *gut* alles ist und wie hervorragend sie alle miteinander auskommen. Wahrscheinlich »vergißt« er die Probleme, die es hin und wieder gegeben hat. Doch man kann nicht bestreiten, daß Anja sich hier zuhause fühlt. Und ich denke, das ist hauptsächlich der Tatsache zuzuschreiben, daß niemand versucht hat, sie davon zu überzeugen, daß sie eigentlich hierher gehört und in der Wohnung ihrer Mutter dagegen alles falsch und längst nicht so gut ist. Es ist schlicht und einfach eine Alternative dazu. Ihr Vater hat nicht versucht, mehr als das zu erreichen. Dies erklärt, warum Anja noch nie Schuldgefühle gehabt hat, weil es ihr beim Vater gefällt, auch nicht, wenn sie ihrer Mutter etwas Nettes beschreibt, was ihr dort Spaß gemacht hat. Man hat sie nicht gezwungen, ständig zu versuchen, taktvoll zu sein, was zur Folge hatte, daß sie sich ganz darauf konzentrieren konnte, sich einzupassen, mit Marion und Jochen zurechtzukommen und ihren Spaß zu haben.
Es gelang mir nicht, auch die Mutter von Anja zu sprechen, doch alles deutet darauf hin, daß auch sie ungezwungen damit umgeht, daß Anja ein zweites Zuhause hat. Zum Beispiel erwähnte Anja bei Marion völlig beiläufig ein Gespräch, das sie mit ihrer Mutter geführt hatte; es ging darum, wie man am besten irgendwelche Stoffstücke beim Nähen von viktoriani-

schen Stoffpuppen zusammensetzt: und dies war ein Hobby von Marion, die sie daran hatte mitarbeiten lassen. Es ist zu einer ganz natürlichen Sache geworden, daß gegenseitige Kommentare abgegeben und Ratschläge ausgetauscht werden. Das heißt, daß Anja keine Schuldgefühle zu haben braucht, bzw. keine kritischen Bemerkungen machen muß, wenn sie nach einem Aufenthalt bei ihrem Vater wieder nach Hause zurückkommt.

Das wahrscheinlich größte Risiko bei längeren Aufenthalten ist, wie Ihr Kind Ihre gegenwärtige Partnerin bzw. Ihre anderen Kinder findet, und wie es damit zurechtkommt, daß es neben ihm auch noch diese anderen Menschen gibt. Anja – und ihr Vater – hatten das Glück, daß sie mit Marion und Jochen gut auskam. Über Beziehungen dieser Art werde ich noch einiges Grundlegende in Kapitel 8 sagen. Hier jedoch ein paar Richtlinien, wie man die bei langfristigen Besuchen auftretenden Spannungen reduzieren kann.

Jeder muß einen Bereich haben, der ausschließlich ihm gehört, etwa wie in dem oben beschriebenen Fall. Hierher kann man sich nach einer etwas schwierigen Begegnung zurückziehen, um ein Weilchen alleine zu sein, sich mit dem Teddybär zu beraten oder ein Buch zu lesen.

Die Regeln bezüglich eines solchen Bereichs sollten klar sein. Jochen klopft bei Anja an die Tür oder ruft sie. Und umgekehrt. Er weiß, daß das »ihr« Zimmer ist, und auch wenn sie nicht da ist, läßt er die Finger von diesem Zimmer und dem was darin steht. Ein paar Erklärungen – möglichst bald – ersparen späteren Ärger. Tatsächlich haben Kinder bis sie etwa vierzehn oder fünfzehn sind, *gerne* feste soziale Regeln. Sie wollen wissen, wo ihr Platz ist. Und sie versuchen zwangsläufig, sich gegen ein anderes Kind zusammenzutun, wenn dieses ihr Mißfallen erregt. Nur wenn Sie sich in dieser Angelegenheit absolut fair verhalten, können Sie vermeiden, daß das Gefühl »Alle sind gegen mich« entsteht. »Sich zusammentun« heißt unter anderem, daß alle kritisieren, was ein Kind tut, daß alle es auslachen, wenn es einen Fehler macht, oder daß alle es für den Schuldigen halten, wenn irgendein Unglück im Haushalt geschehen ist (wenn beispielsweise eine Vase zerbrochen wurde). Natürlich müssen Sie Ihre Verhaltensregeln durchsetzen, einem Kind auch einmal etwas verbieten, es daran hindern, etwas Gefährliches zu tun, und ihm sagen, wann es unrecht hat. Aber Sie müssen deutlich machen, daß in diesem Haus dieselben Regeln für alle Kinder gelten, denn es muß ersichtlich werden, daß es in Ihrem Haus gerecht zugeht.

Vermeiden Sie Konkurrenzsituationen oder Vergleiche. Bauen zwei Kinder Modelle, so sollten Sie keinen Preis für das bessere Schiff oder Flugzeug aussetzen, es sei denn, Sie beabsichtigen, am Ende *zwei* Preise zu verteilen.

Alte, abgelegte Spielsachen oder Kleidungsstücke zu verschenken, ohne das bei Ihnen lebende Kind um Erlaubnis zu fragen, heißt geradezu, Ärger heraufzubeschwören. Auch wenn es im Augenblick nichts dazu sagt und sogar wenn der fragliche Gegenstand seit Jahren nicht mehr benutzt worden ist, denkt sich das Kind doch seinen Teil. Kinder, die gewöhnlich großzügig sind, sehen diesen ungezwungenen Umgang mit ihrem Eigentum als einen Eingriff in ihre Rechte; sie bewahren die Erinnerung daran tief im Herzen und setzen oft alles daran, dem Eindringling das Leben schwer zu machen.

Dem Kind, das bei Ihnen lebt, das Bett oder Zimmer wegzunehmen, ist sogar noch gefährlicher. Manchmal gibt es keine andere Möglichkeit. Wenn das der Fall ist, sollten Sie die Angelegenheit miteinander besprechen, sich Alternativen überlegen und versuchen, das Kind dazu zu bringen, dieser Veränderung zuzustimmen – oder (besser noch) umreißen Sie kurz das Problem und überlassen Sie es ihm, die beste Lösung zu finden.

Nichts bindet Menschen so fest aneinander wie ein gemeinsamer Feind oder ein gemeinsames Ziel. Die Familie um die Ecke oder eine gegnerische Fußballmannschaft kann einen ganz brauchbaren gemeinsamen Feind abgeben. Ein anderer gemeinsamer Feind ist die Langeweile. Über eine Aktivität oder ein Projekt das man zusammen unternimmt und das in den paar Tagen durchgeführt werden soll, in denen die Kinder zusammen sind, kann sich ein Verständnis füreinander entwickeln. Erwarten Sie nicht, daß es im Handumdrehen zu so etwas wie Freundschaft kommt. Doch Sie machen eine solche Entwicklung viel wahrscheinlicher, wenn Sie die Aufmerksamkeit der Kinder voneinander weg und auf etwas oder jemanden anderes lenken können.

Wenn beide sich langweilen oder frustriert sind, lassen sie das höchstwahrscheinlich aneinander aus. Bereiten Sie – wie am Ende von Kapitel 5 skizziert – eine Liste mit allen möglichen gemeinsamen Unternehmungen vor und achten Sie darauf, Dinge vorzuschlagen und vorzubereiten, die nach einer Unterbrechung über einen längeren Zeitraum hinweg immer wieder aufgenommen werden können, falls sie sich allgemeiner Beliebtheit erfreuen.

Ein weiteres Mittel gegen die Langeweile ist das Fernsehen. Es ist wenig sinnvoll, bei einem kürzeren Besuch fernzusehen. Doch an einem Wochenende kann das Fernsehen zwei nützliche Funktionen erfüllen. Es bietet zwei Kindern, die sich gegenseitig satt haben, eine gemeinsame Quelle der Unterhaltung und Stoff zum Reden. Und gelegentlich hilft es auch, Tränen zu trocknen. Beinahe zwangsläufig wird es aber so sein, daß das eine Kind gewöhnt ist, länger fernzusehen als das andere, andere Sendungen vorzieht, oder Unterhaltungssendungen sehen darf, die dem anderen verboten sind. Sie müssen bereit sein, die in Ihrem Haus geltenden Regeln durchzusetzen (wenn es bei Ihnen irgendwelche Regeln gibt). Gibt es Unstimmigkeiten, dann führen Sie ein, daß jeder einmal bestimmen darf, welches Programm jetzt gesehen wird. Manchmal ist die einzige Möglichkeit, einen Streit zu schlichten die, daß Sie erklären, *Sie* wollten jetzt Radio oder Schallplatten hören bzw. ein ganz anderes Programm als alle anderen sehen. Gehen Sie lieber auf Nummer Sicher, wenn Sie nicht genau wissen, ob eine bestimmte Sendung bei Ihrem Kind zuhause erlaubt wäre oder nicht bzw. ob diese Sendung es vielleicht ängstigt. Es wird

Ihrem Kind nicht gerade helfen, wenn es mit Alpträumen oder Geschichten von Sexorgien heimkommt, die es im Fernsehen aufgeschnappt hat; außerdem kann das die weiteren Besuche fraglich machen. (Wenn sich die Eltern in das Sorgerecht teilen, wird über so etwas übrigens häufig geklagt.)

Eine andere Möglichkeit, wie sich Kinder leichter aneinander gewöhnen, ist, ihnen zu ermöglichen, einen Teil der Zeit ihre eigenen Freunde zu treffen. Ein Verbot wie: »Nein, Tony kann nicht schon wieder herkommen, du mußt dich an diesem Wochenende um Bernd kümmern«, macht logischerweise Bernd zum Objekt des Hasses. Und wer weiß – vielleicht käme Bernd eigentlich mit Tony viel besser klar als mit Ihrem anderen Kind. Ähnlich trägt es wahrscheinlich eher dazu bei, daß alles gut klappt, wenn Bernd auch einen von seinen Freunden dabeihaben will und darf (auch wenn nur für begrenzte Zeit). Es ist zwar lauter für Sie – aber schöner für die Kinder. Und es schafft dazu eine gewisse Kontinuität mit dem »anderen« Leben.

Die Freude, Ihr Kind für eine Weile bei sich zu haben, besteht zum Großteil darin, daß Sie zusammensein und die gegenseitigen Vorlieben und Abneigungen genauer kennenlernen können, ohne viel Gedanken auf die Zeit verschwenden zu müssen. Es ist eine Kunst, das Gleichgewicht zwischen all den interessanten Dingen, die man tun könnte, und einem einigermaßen offenen Zeitplan zu finden. Je mehr sich Ihr Kind an sein zweites Zuhause und seine Rolle dort gewöhnt hat, desto weniger wird es nötig sein, daß Sie es zerstreuen müssen. Nach einer gewissen Zeit wird es ihm nicht mehr so wichtig sein, was wohl als nächstes unternommen wird; das Leben wird einfach seinen normalen Gang nehmen, und Ihr Kind wird sich nicht weiter darum kümmern. Wenn es erst anfängt, Ihnen Vorschläge zu machen, ist das oft ein gutes Zeichen, daß es sich einlebt. (Sie müssen jedoch auch hier abwägen.)

Damit Sie sich ganz entspannen können und sich nicht ständig Sorgen machen müssen, was alles schieflaufen könnte, bis Sie einfach zu erschöpft sind, um sich noch über den Besuch zu

freuen, sollten Sie es sich einfacher machen und anhand einer Liste durchgehen, ob mögliche Katastrophen weitgehend ausgeschaltet sind. Die einzige Art und Weise, ein sicheres Gefühl zu bekommen, ist, alles sicher zu machen.
Der Rest dieses Kapitels ist vielleicht etwas beklemmend, doch ich will Ihnen damit Ärger ersparen und Ihnen Ihren Seelenfrieden geben.

Zur Vermeidung größerer Katastrophen

(1) Gehen Sie Ihr Haus bzw. Ihre Wohung vorher genau durch. Es ist vielleicht hervorragend eingerichtet, wenn Sie alleine oder mit einem anderen Erwachsenen oder älteren Kindern leben. Aber ist es sicher für Leute im Alter Ihres Kindes?
Befinden sich zum Beispiel Medikamente, Rasiermesser, Dünge- und Insektenvertilgungsmittel, Alkohol, Entfärbungsmittel, antiseptische Mittel u. ä. völlig außer Reichweite?
Gibt es irgend etwas in der Küche, was erklärt werden muß (zum Beispiel, daß der Gasherd nicht elektrisch zündet; daß das ein Elektroherd ist und die Platten sehr heiß sein können, auch wenn sie nicht glühen usw.)? Gibt es derartig viele Gefahrenherde in der Küche, daß Sie Ihrem Kind verbieten müssen, dort hineinzugehen? Sind Ihre Fenster, Ihr Balkon und Ihre Treppen sicher?
(2) Versichern Sie sich, daß Sie die nötigen Dinge zur ersten Hilfe und die Telefonnummern von einem Arzt, dem Krankenhaus usw. im Haus haben, um im Notfall schnell und effizient handeln zu können. Beachten Sie, daß *Sie* möglichst alles zur Verfügung haben sollten, was man in einem medizinischen Notfall braucht, auch wenn es diese Dinge in einem normalen Haushalt oft nicht gibt. Doch *Sie* können es sich nicht leisten, sich später vorwerfen zu lassen, Sie hätten lebensnotwendige Minuten vergeudet oder verloren.

(3) Erbitten Sie regelmäßig die neuesten Informationen über den gesundheitlichen Zustand des Kindes, die wichtig sein könnten – beispielsweise ob es besondere Allergien hat oder Schnitte oder Prellungen vom Spielen, die nur schlecht heilen. Wenn Ihnen etwas Derartiges auffällt, sollten Sie *sofort* den anderen Elternteil anrufen: das wird diesem vielleicht nicht gefallen, aber Sie sind Ihrem Kind gegenüber verpflichtet, nachzufragen, was es plagen könnte.
(4) Wie kommt man zu Ihrem Haus bzw. Ihrer Wohnung? Gibt es gefährliche Straßen, auf die Sie Ihr Kind hinweisen sollten? Wie frei darf sich Ihr Kind zuhause auf der Straße bewegen? Entscheiden Sie, ob Sie das auch so handhaben wollen oder ob Sie eine bestimmte Hauptverkehrsstraße für zu gefährlich halten und es dort nicht entlanggehen oder -fahren darf. Und sind Sie bei kleineren Kindern ganz sicher, daß sie nicht unbeaufsichtigt auf die Straße laufen können?

Zur Vermeidung kleinerer Katastrophen

(1) Schreiben Sie die Koffer, Pakete und alle einzelnen Gegenstände, die Ihr Kind mitbringt, kurz auf und gehen Sie diese Liste vor seiner Rückkehr durch. (Ihnen macht es vielleicht *Sorgen,* daß der Regenmantel oder der Teddybär nicht aufzufinden ist. Ihr Kind kann darüber *außer sich* geraten. Das hat Auswirkungen darauf, was es von weiteren Besuchen hält.)
(2) Erkundigen Sie sich, ob es irgend etwas gibt, was Ihr Kind erledigen muß. Sie können (je nach Alter des Kindes) nachfragen: Hausaufgaben; Vorbereitungen für irgendein Projekt; soll es Ihnen einen Brief oder eine Botschaft übermitteln; ein Geburtstagsgeschenk kaufen; usw.? Sorgen Sie dafür, daß Ihr Kind Zeit und Gelegenheit findet, das zu erledigen.

(3) Versuchen Sie immer, die Dinge, die Ihrem Kind gehören, an bestimmten Plätzen oder in einem bestimmten Zimmer aufzubewahren. Schaffen Sie eine gewisse feste Ordnung, sonst wird es sich unwohl fühlen und dies nicht als zweites Zuhause ansehen. Gehen Sie sicher, daß es nichts verliert (das ist je nach Persönlichkeitsstruktur manchmal schwierig) oder von anderen Kindern geklaut bekommt.

(4) Vergewissern Sie sich, daß ihm nichts Angst macht. Nehmen Sie es an der Hand und gehen Sie mit ihm durch dunkle Winkel, falls Sie sich diesbezüglich Sorgen manchen; geben Sie ihm eine Taschenlampe. Sie *kennen* Ihre Wohnung, das Kind vielleicht nicht. Und wenn es vielleicht der Klang Ihrer Toilettenspülung erschreckt? Lachen Sie nicht. Kleine Kinder lassen sich davon oft ängstigen. Wichtig ist auch, daß alle Schlüssel, Riegel und andere Schließvorrichtungen leicht zu benutzen oder tabu bzw. außer Reichweite sind; nichts ist schrecklicher als feststellen zu müssen, daß man eingeschlossen ist.

(5) Sie sollten auch Vorkehrungen treffen, daß es nachts beim Schlafen keine Angst bekommt. Vielleicht hat Ihr Kind bestimmte Rituale beim Zubettgehen, die von entscheidender Bedeutung für sein Wohlbefinden sind – beispielsweise die offengelassene Tür, ein Licht im Flur, eine nochmalige Erinnerung daran, wo sich die Toilette befindet, falls es in der Nacht einmal hinaus muß, usw. Erkundigen Sie sich, was nötig ist, und sorgen Sie dafür, daß es das auch bekommt.

(6) Fertigen Sie zusammen eine Liste von Nahrungsmitteln an, die das Kind besonders mag und die es nicht mag. (Sie müssen nicht jeder Laune nachgeben, doch es gibt nicht den geringsten Grund, warum jemand, der Spinat ganz greulich findet, gerade Spinat vorgesetzt bekommen soll.) Tun Sie das *zu Beginn* eines Wochenendbesuchs – wenn die Geschäfte noch auf haben.

(7) Angenommen, Ihr Kind nimmt etwas aus Ihrer Wohnung mit. Fragen Sie sich, was das heißen könnte, bevor Sie es deswegen mit Vorwürfen überfallen. Wenn kleine Kinder stehlen, fühlen sie sich gewöhnlich nicht genug geliebt. Oft

möchten sie sogar erwischt werden und gehen bewußt ungeschickt vor. Handelt es sich bei dem Gestohlenen um Geld oder Süßigkeiten, dann trifft diese Diagnose meist zu: seien Sie bestimmt, doch verständnisvoll. Nehmen Sie es zum Anlaß, einander näher zu kommen, mehr Zeit miteinander zu verbringen und die Dinge in Ruhe durchzusprechen. Wenn es sich um etwas handelt, das eher eine Erinnerung an Sie ist, so ist das eigentlich recht schmeichelhaft. Symbolisch möchte das Kind ein Stück von *Ihnen* mitnehmen. Kommen Sie Ihrem Kind das nächste Mal zuvor, indem Sie ihm vorschlagen, etwas zum Reparieren, Polieren oder Saubermachen mit nach Hause zu nehmen. Doch vergewissern Sie sich, daß dieser Gegenstand für Ihr Haus nicht besonders wichtig ist; Sie sehen ihn vielleicht nicht mehr wieder.

7 Wenn es die Mutter ist, die am Wochenende zu Besuch kommt

In mehr als vier von fünf Fällen ist es praktisch so, daß das Sorgerecht für das Kind der Mutter übertragen wird, wenn beide Eltern sich darum bewerben. Das war nicht immer so. Die »schuldige« Partei in einem Scheidungsfall – ganz egal ob Mann oder Frau – hatte früher große Schwierigkeiten nachzuweisen, daß sie besonders geeignet war, für das Kind zu sorgen. Während der vierziger und fünfziger Jahre machten wissenschaftliche Untersuchungen über die Folgen einer Trennung von der Mutter (besonders die Studie von John Bowlby) deutlich, daß es vor allem für kleine Kinder nicht unproblematisch ist, die Bindung zwischen Mutter und Kind zu lösen. Dies führte dazu, daß die Sache weniger strikt gehandhabt wurde; unter anderem überlegte man sich nun, ob die Frage nach dem besten Platz für das Kind auch nur das geringste mit den Ereignissen zu tun habe, die dem Zusammenbruch der Ehe vorausgingen. Juristen, die in stärkerem Maß auch die menschlichen Gefühle miteinbezogen, äußerten Meinungen wie: »Wenn ein Mann seine kleinen Kinder verlassen muß ist das schmerzlich genug, doch eine Frau kann darüber völlig zusammenbrechen.« Gegenwärtig neigt man entschieden dazu – unter Berücksichtigung des Alters der Kinder –, das Sorgerecht der Mutter zu übertragen.

Doch das setzt zweierlei voraus. Erstens, daß die Mutter wirklich »mütterlicher« ist als der Vater. Zweitens, daß sie sich dafür entscheidet, zu Hause zu bleiben und die Kinder zu versorgen. Beides kann in einer bestimmten Situation der Fall sein, muß es aber nicht. Was Veranlagung, Interessen und Ehrgeiz angeht, gibt es unendlich verschiedenartige Mütter.

Die Gerichte fangen erst allmählich an, diesen Tatbestand differenzierter zu betrachten.
Das Pendel schwingt jetzt langsam zurück. Der Prozentsatz von Fällen, bei denen dem Vater das Sorgerecht übertragen worden ist, ist immer noch gering (bei Kindern unter sechs Jahren sogar äußerst gering), doch seit 1972 steigt diese Zahl. Der bekannte Fall des New Yorker Psychologen Dr. Leo Salk, der nach der Scheidung erfolgreich gegen den ursprünglichen Gerichtsbeschluß bezüglich des Sorgerechts anging, brachte viele Leute dazu, sich die hierfür möglicherweise anführbaren Argumente einmal genauer anzusehen. Sozialarbeiter werden Ihnen aus ihrer Praxis von ernsthaften Problemen berichten können, die daher kommen, daß das Sorgerecht automatisch der Mutter übertragen worden ist, diese aber emotional, physisch, intellektuell oder materiell kaum in der Lage ist, die Kinder alleine großzuziehen. Es ist halt nicht so ohne weiteres möglich, gerichtlich festzusetzen, wie groß das Interesse an den Kindern sein sollte oder die Fähigkeit, sich um diese zu kümmern.
Seit November 1982 ist es bei uns möglich, das Sorgerecht auf beide Elternteile zu übertragen, das heißt, die Kinder können in zwei Haushalten aufwachsen. Dies ist eine Lösung, die sich manchmal für alle Beteiligten als sehr nützlich erweist.
Alles in allem gibt es heutzutage mehr und mehr auch die Wochenendmutter. In manchen Fällen werden diese Frauen noch immer auf eine Weise stigmatisiert, wie es bei einem Mann nicht geschehen würde, und sie leiden auch darunter. Traditionell denkende Menschen machen sich möglicherweise Gedanken darüber, wie diese Frau ohne ihre Kinder ihres Lebens froh werden kann, wenn sie eine »wirkliche« Mutter ist. Diese Art der Kritik ist im Grunde sexistisch und kommt glücklicherweise langsam immer mehr aus der Mode. Doch es gibt sie gelegentlich noch. Ich erwähne das, weil es ein zusätzlicher, ja eigentlich ein verstärkter Druck auf die Wochenendmutter ist. Und das kann dazu beitragen, daß die psychischen Probleme bei den kurzzeitigen Besuchen noch

anwachsen. Damit die Besuche für Kind und Mutter erfolgreich und lohnend sind, ist es wichtig, diese Probleme zu erkennen und sie dann auf die eine oder andere Weise für sich zu lösen.
Haben Sie Schuldgefühle, so ist es besser, diese zuzulassen und sie nicht abzustreiten. Es ist sehr leicht möglich, aus einer Art Selbstschutz heraus, in das andere Extrem zu verfallen. Kein Mensch ist über Kritik und Zweifel erhaben. Es kann manchmal schwer sein, sich natürlich zu verhalten und zu zeigen, daß Sie sich um Ihr Kind kümmern, auch wenn Sie der Überzeugung sind, daß es für alle Beteiligten besser ist, wenn Sie in einem getrennten Haushalt Ihr eigenes Leben führen. Beides verträgt sich sehr gut miteinander, vorausgesetzt, Sie selbst sind davon überzeugt. Sie müssen nicht die aggressive Maske der Gleichgültigkeit aufsetzen, nur weil die Gesellschaft glaubt, daß Sie nicht konsequent sind. Sie wollen doch wahrscheinlich, daß Ihr Kind Sie für das schätzt, was Sie wirklich sind. Dann müssen Sie ihm mehr als nur die Maske zeigen.
A. ist an der Universität. Er hat eine sehr enge Beziehung zu seinem Vater. Seine Mutter mag er. Er ist froh, daß er den Kontakt zu ihr aufrechterhalten hat – und immer noch aufrechterhält – auch wenn er sich hauptsächlich an negative Dinge erinnert.

Ich fand es immer schrecklich, meine Mutter zu treffen. Mein Vater brachte mich gewöhnlich in dieses Hotel in London und zeigte über die Tische, an denen die Leute saßen und ihren Nachmittagstee tranken. Ich ging dann hinüber, wo ich meine Mutter mit ihren Freunden sitzen sah. Sie breitete die Arme aus und rief: »Tony! Liebling! Wie schön, daß du da bist!« Ohne auch nur einen Augenblick innezuhalten setzte sie ihr Gespräch mit den Leuten fort, die bei ihr saßen – währenddessen küßte sie mich ständig. Dann setzte ich mich, und irgendwer bestellte noch ein Gedeck für mich. Die ganze Zeit, die ich da war, sagte sie kaum noch etwas zu mir. Nur natürlich:
»Na, wie geht's in der Schule, Tony?«
»Ach, danke gut.«
Meist waren da noch drei oder vier Leute, die munter drauflos schwatzten. Ich wurde mit Gurkenschnitten und Kuchen vollgestopft, während sie gemeinsame Bekannte und die Parties, auf denen sie sich

amüsiert hatten, durchhechelten. Einmal wurde meine Mutter sehr böse mit mir, weil ich dreinschaute »wie ein krankes Mondkalb«. Einer ihrer Freunde nahm mich beim Arm und machte mit mir einen Spaziergang.
Als ich ungefähr zwölf war, sagte ich, ich würde da nicht mehr hingehen. Nach ein oder zwei Wochen meinte mein Vater, ich solle in den sauren Apfel beißen und es noch einmal probieren. Inzwischen fühlte ich mich stärker. Ich ging auf sie zu und sagte: »Hallo, wie geht es dir, werden wir heute mal irgendetwas miteinander reden?« Sie brach in Tränen aus, was ich ganz furchtbar fand. Ihre Freunde verschwanden, und wir gingen hinauf in ihr Zimmer. Sie sagte, sie hätte immer ein schlechtes Gewissen gehabt, weil sie mich verlassen hätte, und das sei nun mal »ihre Art«, so damit umzugehen. Sie war also gar nicht gefühllos. Es war uns beiden peinlich. Wir hatten nicht die Worte, um miteinander zu reden. Doch wir machten es dann so, daß wir uns hie und da zu einer Show oder zum Essen trafen. Danach war es besser.

Die Analyse des intelligenten Sohnes in diesem Fall lautet, daß seine Mutter im Grunde schwere Schuldgefühle hatte. Dies führte dazu, daß sie ihn ihren Freunden wie einen zufälligen Bekannten vorführte, ohne dabei Gefahr zu laufen, irgendwelche Gefühle zeigen zu müssen. Davor hatte sie nämlich Angst. Als er auf sie zuging und etwas Intensiveres verlangte, traf sie das unvorbereitet. Ihre Reaktion verblüffte ihn, da er nicht viel über ihr eigentliches Wesen wußte.
Manchmal ist es in der Tat nötig, künstlich eine ungezwungene Atmosphäre zu schaffen. Wenn Sie darauf beharren, daß es während des ganzen Besuches erwachsen und unemotional zugeht, nehmen Sie nur wenig Rücksicht auf das, was möglicherweise in Ihrem Kind vorgeht. Wenn dieses Sie, sagen wir einmal, zwei Wochen lang nicht gesehen hat, wird es sich wahrscheinlich nach etwas Reizvollerem sehnen als nach einem Gurkenbrötchen. Vielleicht wird es zunächst gleichgültig tun, doch das ist nur oberflächlich.
Einige Mütter haben aus einem anderen Grund Angst, zuviel Gefühl zu zeigen. Sie fürchten, daß es ihr Kind möglicherweise durcheinander bringt, wenn sie sich zu stark aufeinander einlassen – daß es dem Kind *entweder* dadurch schwerer fällt

zurechtzukommen, wenn sie nicht zusammen sind, *oder* aber daß es gehindert wird, eine gute Beziehung zu seiner Stiefmutter zu entwickeln. Man muß hier abwägen. Sicher kann eine Mutter, die dazu entschlossen ist, jeden Besuch zu einer tränenreichen, tragischen Sache ausarten zu lassen, dem Kind das Leben in der Zeit zwischen den Besuchen schwer machen. Aber zwischen Mutter und Kind ist Liebe etwas Natürliches. Wenn beide sich treffen, sollte es spontane und keine künstlichen Beweise für seine Liebe geben. Sonst geschieht bei Ihrem Kind zweierlei: es hat das Gefühl, daß Sie ihm immer etwas vorenthalten, und es denkt, daß Mütter generell eher so sind wie Sie. Indem Sie Ihre ehrliche Zuneigung zeigen, machen Sie Ihrem Kind die Zeit zwischen den Besuchen leichter, nicht schwerer.

Es gibt auch Fälle, wo Mütter ihre Kinder tatsächlich *nicht mögen.* Sie fühlen sich trotzdem verpflichtet, ab und zu hinzugehen und sie zu treffen. Ob Sie diese Abneigung überwinden und eine zufriedenstellende Beziehung herstellen und genießen können, hängt stark davon ab, wie belastend das Ganze für Sie ist und wie überzeugt Sie davon sind, daß Sie hier etwas ganz Eigenes anbieten, das Ihr Kind sonst nicht bekommen würde.

Eine dieser Mütter arbeitet für eine Fluggesellschaft. Ihr Kind hat eigentlich sogar zwei Wochenendeltern. Denn das Mädchen lebte von klein auf bei der Großmutter und wurde von dieser großgezogen. Lisa, die jetzt fünf ist, sieht ihren Vater alle zwei Wochen und verbringt dann das Wochenende mit ihm. In gewissen Abständen – größtenteils ist das durch die Flugpläne bestimmt – kommt auch ihre Mutter sie besuchen. Diese macht keinen Hehl daraus, warum sie sich für dieses Leben entschieden hat:

Ab und an sehe ich Lisa gerne. Und zwar wenn ich das will. Ich hätte nie geheiratet, wenn ich nicht schwanger geworden wäre, und ich glaube, daß ich ihr das in gewisser Weise verüble. Aber ich kann sowieso nicht gut mit Kindern umgehn. Lisa hat es bei der Oma viel besser. Wenn ich mich länger als zwei Tage um sie kümmern muß, drehe ich völlig durch. Ich brülle sie an und rüttle sie wütend hin und her. So ist es viel besser. Wir machen allerhand Unsinn miteinander, und ich erzähle ihr Geschichten.

Wie ihre Großmutter sagt, freut sich Lisa wenn die Mutter da ist. Aber sie gab mir zu verstehen, die *eigentliche* Mutter sei sie selbst, auch wenn Lisa sie nicht so nenne. Wie auch immer das ist. Der entscheidende Punkt ist der, daß Lisa zu nicht weniger als drei verschiedenen Leuten, die ganz unterschiedlich leben, eine positive Beziehung hat. Lisa macht einen fröhlichen, aufgeweckten Eindruck und freundet sich schnell mit anderen Kindern an. Ob das Treffen mit der Mutter erfolgreich verläuft, hängt fast ausschließlich davon ab, ob diese sich nicht zuviel zumutet. Kein Mensch kann sich mütterlicher *machen,* indem er vor einem Spiegel das einstudiert, was andere Mütterlichkeit nennen.

Ein geradezu klassisches Problem der von dem Kind getrennt lebenden Mutter ist die Sorge, man könnte bezüglich seiner Gesundheit etwas falsch machen. Dies entspringt der unwillkürlichen Annahme, nur die tatsächliche Mutter könne erkennen, wann das Kind ärztliche Hilfe braucht und wie diese Hilfe aussehen muß. Dieses intuitive Gefühl kann völlig unzutreffend sein, wie das der häufige Fehlalarm in den sogenannten »normalen« Familien tagtäglich beweist. Doch man erinnert sich wohl eher an die Male, wo die Mutter intuitiv das Richtige gefühlt hat.

Dies führt dazu, daß Sie jeden Besuch sehr kritisch antreten. Wenn Sie auch so denken, werden Sie sich, während Sie auf die Haustür zugehen, fragen: »Was wird diesmal wieder schiefgegangen sein? Wird er auch warm genug angezogen sein? Ob er immer noch so schnieft? Hat er auch genug zu essen bekommen? Hat er das Richtige zu essen bekommen? Ich will ihn mal fragen, was es heute zum Frühstück gegeben hat, ich wette zehn zu eins, daß sie vergessen haben, ihm seine Weizenkeime zu geben...«

Wenn Sie feststellen, daß Sie bei jedem Besuch eine Unmenge Beanstandungen haben – die Kleidung, das Essen, das ungekämmte Haar, usw. – dann halten Sie einen Augenblick inne und überlegen sich jeden einzelnen Punkt noch einmal genauer. Inwieweit ist Kritik hier wirklich nötig und inwieweit geht es einfach nur darum, daß Sie etwas ganz Bestimmtes für wünschenswert und normal halten? Was bringt dem Kind wirkliche Nachteile und was ist eigentlich bei den meisten Kindern üblich? Ex-Ehemänner sind normalerweise (jedoch nicht ausnahmslos), was den Glanz der Zähne oder der Schuhe Ihres Kindes angeht, nicht so streng. Gilt Ihre Beschwerde tatsächlich bestimmten Fragen der Einstellung und des Lebensstils oder etwas Anderem? Warum sind Sie nicht wählerischer, wenn Sie sich schon über irgendetwas streiten wollen? Vergessen Sie beispielsweise die schmutzigen Schuhe und konzentrieren Sie sich lieber auf die ungeputzten Zähne. So wird man öfter auf Sie hören.

In jeder Familie – ob sie nun zusammenlebt oder nicht – wird es Phasen geben, in denen sich das Kind nicht um seine Haare kümmert; es nicht zuläßt, daß die Löcher in seinen Jeans geflickt werden; das übliche Schuhwerk verachtet; nur noch Hamburger und Pommes frites ißt, und das in Mengen; und mal hie und da eine Zigarette raucht. Die Liste ist endlos. Wenn es Ihnen große Sorgen bereitet, daß auch bei Ihrem Kind einige dieser Verhaltensweisen zu beobachten sind, dann bedenken Sie einmal, daß es damit eigentlich nur das tut, was bei der Mehrheit seiner Altersgenossen üblich ist. Kinder haben das zwanghafte Bedürfnis, so zu sein wie die anderen, und dieses Bedürfnis ist stärker als alles, was ihr Vater, ihre Stiefmutter oder die Abwesenheit ihrer »wirklichen« Mutter vielleicht gefördert oder erlaubt haben. Wenn Sie ständig nach Anzeichen dafür Ausschau halten, daß man Ihr Kind falsch behandelt, werden Sie diese ganz sicher auch finden. Konzentrieren Sie sich also statt dessen auf die Dinge, die wirklich wichtig sind.

Vergessen Sie einmal, was Ihr Kind zu essen bekommen hat. Scheint es in guter körperlicher Verfassung zu sein? Ist es stark? Ist es gesund oder schlapp? Gibt es irgendwelche

Anzeichen, daß es schielt, schlecht hört oder Hautprobleme hat? Solche Dinge lohnt es sich zu beobachten. Denn hier können Sie vielleicht helfen.

Doch machen Sie nicht jedes Treffen zu einer Kontrolle seiner Gesundheit und seines Wohlergehens. Sie sind nicht Florence Nightingale, die ihre Runde macht. Sie wollen doch, daß Ihr Kind Sie mit Spaß, Entspannung und Abwechslung assoziiert – und nicht mit dem Geruch von Hustenbonbons.

Wenn Sie ein wirkliches Problem festgestellt haben, müssen Sie sich entscheiden, wie Sie vorgehen wollen. Erwarten Sie nicht, daß man Ihnen Ihre Mühe dankt oder Ihnen dafür einen Orden überreicht; und achten Sie gut darauf, ob man das Problem bereits zu Hause bemerkt hat. Es gibt zwei typische Reaktionen auf Ihren Hinweis. Beide bedürfen einer Interpretation. Bei der ersten lautet die Antwort:

»Ich weiß. Das ist schon seit längerer Zeit nicht mehr zu übersehen. Dr. K. hat eine Kur dagegen verschrieben. Wir haben uns bislang streng an seine Vorschriften gehalten. Ein Spezialist im Krankenhaus hat auch bestätigt, daß wir da das Richtige unternehmen.«

Für Sie heißt eine solche Antwort, daß tatsächlich etwas unternommen worden ist, sich bisher aber nichts gebessert hat. In so einem Fall machen Sie lieber nur praktische Vorschläge.

Die zweite Antwort lautet:

»Natürlich weiß ich das. Meinst du denn, mir ist das nicht aufgefallen? Jedenfalls ist etwas unternommen worden. Also sei still.«

Dies bedeutet, daß überhaupt nichts bemerkt worden ist. Sie haben bei dem anderen Elternteil Schuldgefühle geweckt und ihn soweit beunruhigt, daß er ganz sicher jetzt einen Arzt aufsuchen wird. Machen Sie keine weiteren praktischen oder sonstigen Vorschläge, bis er die Chance gehabt hat, sich selbst Klarheit über die Angelegenheit zu verschaffen.

Natürlich ist es irritierend, erst interpretieren zu müssen, statt die Dinge einfach so zu nehmen, was sie zu sein scheinen. Doch Sie müssen dies tun, wenn Sie die Situation zutreffend einschätzen wollen. Nur wenn man Sie wirklich um Ihre Meinung fragt, können Sie einigermaßen sicher sein, daß Sie die Probleme Ihres Kindes objektiv und ohne Aufregung besprechen können. Achten Sie auf dieses Zeichen, denn es sagt Ihnen, daß die Zeit des Lesens zwischen den Zeilen vorüber ist. Es sei denn, Sie wollen die Situation ausnutzen, um weiter Ärger zu verursachen.

Einige Mütter können sich einfach nicht zurückhalten. Sie nehmen die Sache selbst in die Hand. Sie opfern einen Teil ihrer Besuchszeit, damit das Kind tatsächlich zu einem zweiten Arzt, einem zweiten Zahnarzt, einem zweiten Orthopäden, usw. geht. Dies ist – außer es passiert während des Besuches ein Unfall – aus zwei Gründen verhängnisvoll. Erstens wird man Ihnen Ihre Einmischung ausgesprochen übelnehmen. Man wird Ihre Meinung mit Bedacht ignorieren, *auch wenn* Sie etwas Wichtiges mitzuteilen haben. Zweitens wird Ihr Kind sich dem Problem mit größerer Intensität zuwenden. Es kann sein, daß einige Kinder (bewußt oder unbewußt) diese Symptome länger zeigen, um zusätzliche Aufmerksamkeit genießen zu können. Andere werden Angst bekommen, daß sie mit ihren gesundheitlichen Problemen größere Spannungen zwischen ihren Eltern verursachen. In jedem Fall werden die Besuche für alle eine Belastung sein.

Nehmen wir einmal an, Sie vermuten einen Bruch, wo man die Sache nur für eine Verstauchung hält. Sie werden dabei viel mehr erreichen, wenn Sie mit dem Vater oder der Stiefmutter direkt reden und etwa folgendes sagen:

»Ich weiß, daß du natürlich auch daran gedacht hast, aber ich habe so etwas schon mal gesehen – meinst du nicht, es wäre besser, wenn wir alle zur Sicherheit ins Krankenhaus fahren und das Bein röntgen lassen?«

Auf diese Weise *beziehen* Sie die anderen *mit ein*. Das bereitet Ihnen vielleicht nicht gerade großes Vergnügen, doch Sie werden Ihrem Kind damit mehr helfen. Es beweist, daß Sie lieber mit den anderen zusammenarbeiten, als wie ein rächender Engel versuchen, alles zu überrollen. Auch wenn Sie mit

dem Bruch nicht recht haben, wird man Sie das nächste Mal bereitwillig anhören.
Was Sie auf jeden Fall auch vermeiden sollten ist, mit Ihren Fragen so lange zu warten, bis Sie völlig darüber verzweifeln, ob die zuhause Zuständigen denn jemals feststellen, was Ihnen aufgefallen ist, und etwas unternehmen werden. Ihre Angst wird immer größer, und Sie explodieren schließlich, bevor Sie die anderen darauf hingewiesen haben. Was ein normales friedliches Übergeben des Kindes an der Haustür am Ende des Besuches hätte sein sollen, wird zu folgender Szene:
»Stimmt was nicht? Warum siehst du mich denn so an?«
»Kannst du denn nicht *sehen,* daß seine Schuhe zu eng sind? Soll er denn zum Krüppel werden?« (Bricht in Tränen aus.)
»Ach, hm. Da sollte man was unternehmen.« (Murmelt vor sich hin, zieht das Kind ins Haus, knallt die Tür zu.)
Diese Szene beschrieb mir eine Mutter, die im nachhinein nicht gerade stolz darauf war. Bei Ihren Besuchen nahm sie ihren Jungen, der damals sieben war, immer mit zum Schwimmen, wo sie bemerkte, daß seine Zehen wund und rot waren. Nachdem sie ihm die Schuhe an seinen Füßen gemessen hatte, teilte sie ihm mit, er solle seinem Vater sagen, daß seine Sandalen zu klein seien; doch entweder wollte der Junge das nicht oder er hatte es vergessen. Über ein Monat verging, und sie sagte nichts weiter. Dann brachen die aufgestauten Gefühle aus ihr heraus.
Ihr Sohn bekam zwar seine neuen Sandalen, doch er mußte auch Zeuge dieser unschönen Szene sein, die Leute, welche es geschafft haben, auch nach der Scheidung eine vernünftige Kommunikation aufrechtzuerhalten, wahrscheinlich gar nicht verstehen können. Es erinnert ihn wahrscheinlich an frühere Streitereien seiner Eltern vor der Trennung. Und wieder einmal überlegte er – und wenn auch nur für Sekunden –, ob er vielleicht der eigentliche Grund für das Auseinanderfallen seiner Familie sei.
Wenn man bereits sehr früh etwas sagt, läuft man Gefahr, sich anhören zu müssen, daß man immer so ein Getue mache. Doch

es hängt davon ab, wie Sie dabei vorgehen; und es richtet nicht soviel Schaden an wie eine große Explosion zu einem späteren Zeitpunkt.
Natürlich müssen Sie sich fragen, warum Sie etwas stört. Es gibt Wochenendeltern – und das sind *nicht* nur Mütter –, die vielleicht wirklich das dringende Bedürfnis haben, eine Szene wie die oben beschriebene zu provozieren. Sie brennen immer noch auf eine Auseinandersetzung, auch wenn ihnen das nicht unbedingt klar ist. Wunde Zehen bei dem Kind geben ihnen die Gelegenheit dazu. Falls Sie etwas Ähnliches bei sich selbst befürchten, dann denken Sie einmal über die letzten unangenehmen Szenen nach, die Sie gehabt haben, und fragen sich direkt, ob diese Ihnen nicht vielleicht gar Spaß gemacht haben, zumindest teilweise.
Weniger greifbar, für Sie jedoch wahrscheinlich emotional belastender, ist die Frage, in welcher geistigen Verfassung Ihr Kind ist – wie es sich in seinem Sozialverhalten, moralisch und intellektuell entwickelt, wenn Sie nicht bei ihm sind. Sicherlich werden Sie sich Gedanken machen, daß Sie nicht bei Ihrem Kind sind; dann werden Sie sich aber auch um die anderen Leute kümmern – möglicherweise die »andere Frau« –, die tagtäglich um das Kind sind. Sie fragen sich, wie das wohl gehen wird; und auch wenn Sie manchmal denken, daß es so doch am besten ist, möchten Sie gerne, daß Ihr Kind irgend etwas in seinem Wesen behält, das ganz allein von Ihnen kommt.
Das ist nur natürlich. Doch wenn Sie tatsächlich Ihren Einfluß geltend machen wollen, müssen Sie das auf positive Weise tun. In der Zeit, während der Sie mit dem Kind zusammen sind, sollten Sie sich ihm als der Mensch zeigen, der Sie sind: eine Frau, die das Leben genießen kann, aber doch gewisse Wertmaßstäbe hat und sich bei bestimmten Dingen verantwortlich fühlt. Wenn Sie die Hälfte der Zeit Moralpredigten halten oder sich besorgt nach den Schularbeiten erkundigen, oder (was noch schlimmer und manchmal geradezu fatal ist) die neue Partnerin Ihres früheren Mannes kritisieren oder die Art und Weise, wie diese etwas tut, dann werden Sie Stück für Stück

allen Einfluß, den Sie hatten, verlieren – Ihr Kind wird Ihre Reden über sich ergehen lassen ohne hinzuhören. Doch wenn Sie bereit sind, *ihm* zuzuhören, kann es (besonders wenn der Junge oder das Mädchen in die Pubertät kommt) manchmal sogar so kommen, daß Sie überhaupt der einzige Mensch sind, dem er glaubt, seine Ansichten mitteilen zu können. Möglicherweise stimmen Sie mit diesen Ansichten nicht immer überein, doch zumindest sind Sie *da*.

Denken Sie einmal einen Moment lang darüber nach, wie Ihr Kind sich zu der neuen Partnerin Ihres früheren Mannes verhält (ob sie nun offiziell die Stiefmutter ist oder nicht). In fast allen Interviews mit Müttern, die nicht mehr in ihrem früheren Zuhause wohnen, kommt Ähnliches zur Sprache: sie erzählen mir, daß es eine Reihe von Dingen gibt, derentwegen sie die neue Partnerin ihres Mannes bewundern; doch gewöhnlich sind das Allgemeinplätze (beispielsweise: sie kommt mit meinem früheren Mann gut zurecht, sie ist sehr zielstrebig, usw.). Doch wenn es dann um die Details geht, erzählen sie mir, was die andere alles *falsch* gemacht hat. Es wird zwar behauptet, man sei ja modern und nicht so engstirnig, aber diese Behauptungen halten einer näheren Nachprüfung nicht stand. Man sollte dem Rechnung tragen, und es nicht verschweigen.

Wenn ich die Interviews durchlese, komme ich immer mehr zu der Überzeugung, daß eine Stiefmutter eigentlich nie das Richtige tun kann. Lebt das Kind glücklich mit ihr, so sagt die Mutter, sie habe es erfolgreich »umgedreht« oder sie lasse »zuviel durchgehen«. Gelegentlich wird gesagt, sie habe es »schrecklich verwöhnt«. Ist es dagegen bei ihr unglücklich, nun, was kann man auch anderes erwarten bei einer Person, die nur an sich denkt, sich zu sehr mit ihrem Haushalt identifiziert, zu repressiv ist?

Was immer dort geschieht, muß sich ja irgendwie von dem Muster unterscheiden, nach dem Sie in Ihrem eigenen Haushalt vorgegangen wären. Und was immer anders gemacht wird, ist in Ihren Augen nicht das Richtige für einen Menschen, der

früher einmal ein Teil von Ihnen gewesen ist. Das ist ganz natürlich. Wenn Sie sich erst einmal mit dieser Tatsache abgefunden haben, können Sie anfangen, das Wichtige von dem Zufälligen zu trennen.
Wenn Sie Ihr Kind besuchen oder es über das Wochenende zu sich nehmen, sollten Sie das keinesfalls als Gelegenheit nehmen, seine sozialen Werte umgestalten zu wollen. Dazu ist keine Zeit. Doch Sie können darauf hinweisen, daß es bei Ihnen zu Hause ganz bestimmte Regeln gibt und vielleicht auch einige andere Prioritäten gesetzt werden. Das heißt einfach so zu leben, wie Sie sind. Ihr Kind aber muß sich der Situation anpassen, in der es sich am häufigsten befindet. Es kann möglicherweise lernen, auch einmal über andere Dinge zu reden, wenn es bei Ihnen ist, und vielleicht fängt es an, manches anders zu beurteilen, wenn es verschiedene Fragen stellt. Das geschieht, weil Sie für kurze Zeit seine Umgebung geändert und sie interessant und vielleicht zu einer Herausforderung gemacht haben. Eigentlich tun Sie in diesem Fall folgendes: sie erweitern das Repertoire Ihres Kindes, aber modeln es nicht als Person um. Das ist gut – doch erwarten Sie, was eine Langzeitwirkung angeht, nicht allzuviel.
Sie werden möglicherweise feststellen, daß Ihr Kind – gemessen an Ihren Maßstäben – ungezogen ist und sich schlecht benimmt. Auf jeden Fall sollten Sie es, wenn es bei Ihnen ist, davon abhalten, irgend etwas zu tun, das Sie für unsozial halten. Doch bevor Sie anderen deswegen Vorwürfe machen, sollten Sie sich einmal überlegen, daß diese das Verhalten des Kindes vielleicht auch quält. Statt sich gegenseitig die Schuld zu geben, könnten Sie viel mehr erreichen, wenn Sie sich irgendwann einmal zusammensetzen und das Problem besprechen.
Die mir bekannten, von ihrem Kind getrennt lebenden Mütter, die die ganze Geschichte am lockersten nahmen, waren fähig, Kontakt zu ihrem früheren Mann und dessen jetziger Partnerin zu halten, um mit ihnen zu besprechen, wie ihre Kinder vorankommen, welche Probleme sie haben, ob sie irgendwelche neue Interessen oder Begabungen zeigen, und wie man

ihnen am besten helfen kann. Das geschieht auf sehr unterschiedliche Weise. Eine Mutter trifft die Stiefmutter regelmäßig ohne ihren früheren Ehemann, denn sie findet, sie können leichter miteinander reden, wenn sie alleine sind, und »bleiben mehr bei der Sache«. Von einigen Lehrern habe ich gehört, ihnen sei aufgefallen, daß geschiedene Eltern, die zu einer Elternversammlung in die Schule ihres Kindes kommen, oft noch etwas bleiben und einige Punkte klären. Für so etwas ist die schulische Umgebung recht gut geeignet, denn hier ist in gewisser Weise neutraler Boden. Übrigens, seien Sie versichert, es kommen heutzutage nicht nur Ehepaare zu Elternversammlungen. Früher, als die Gesellschaft sich größte Mühe gab, die »Geschiedenen« auseinanderzuhalten, war das vielleicht so. Doch jetzt ist es anders. Eine andere getrennt lebende Mutter trifft sich jeden Monat einmal mit ihrem früheren Mann und dessen jetziger Frau in einem kleinen italienischen Lokal zum Essen. Sie besprechen Schulangelegenheiten, die Ferienpläne, die Interessen und Freunde ihrer Tochter und natürlich etwaige zeitliche Probleme beim Abholen des Kindes und möglicherweise Gesundheits- und Disziplinfragen.

Wenn der getrennt lebende Elternteil die Mutter ist, ist es häufig schwieriger, eine derartige entspannte Kommunikation aufrechtzuerhalten. Es ist falsch, wenn Sie ein solches Treffen nur mit Ihrem früheren Mann verabreden – so als gäbe es seine Partnerin nicht oder als habe diese nicht auch eine Meinung beizutragen. Auf diese Weise fordern Sie den Ärger geradezu heraus. Es ist auch nicht sinnvoll zu versuchen, sich auf einer freundlichen Basis wegen des Kindes zu treffen, während vielleicht gerade ein Kampf um Geld tobt. In diesem Fall ergibt sich nämlich das Problem, daß Sie keinesfalls den Verdacht erwecken dürfen, jeder in der Unterhaltung zur Sprache gekommene Punkt – sei das nun die Kleidung, die Essensvorlieben des Kindes oder die Ferien – sei unterschwellig der Versuch, noch mehr Gründe aufzuführen, warum man viel mehr Geld geben bzw. bekommen sollte. Abgesehen davon ist es sehr sinnvoll, es zur Gewohnheit werden zu lassen, sich ab und an zu treffen (vorzugsweise *ohne* Ihr Kind, denn das Bewußtsein, daß es für eine Stunde im Mittelpunkt des Interesses steht, könnte es ermutigen, seine Gefühle und Probleme zu dramatisieren). Der Hauptvorteil einer solchen Regelung ist, daß man so die Schwierigkeiten vorwegnehmen kann, bevor sie entstehen. Wenn Sie plötzlich Ihr Kind mit dem Arm in der Schlinge sehen, bekommen Sie einen Heidenschrecken. Wenn man Ihnen das jedoch schon vorher gesagt hat – und auch, daß das Röntgenbild einen glatten Bruch zeigt – wird der Schock viel weniger groß sein. Welchen Nutzen das zudem noch haben kann, zeigt am besten folgende kleine Geschichte, die recht typisch für eine Situation ist, in der eine gute Kommunikation herrscht.

Judith sollte ihre zwei Kinder an einem Werktag nach der Schule abholen, um sie zu einem von ihr geleiteten Kochkurs mitzunehmen, wo sie ein bißchen helfen sollten. Sie hatte eine Autopanne. Ohne zu zögern rief sie die Stiefmutter ihrer Kinder an und bat sie, diesen schonend beizubringen, daß das versprochene Vergnügen leider ausfallen müsse. Sonja, die Stiefmutter, war mit der ganzen Angelegenheit wohlvertraut, unter anderem wußte sie auch, daß Judiths Auto merkwürdige Geräusche von sich gegeben hatte. Und sie wußte auch, wie sehr sich die Kinder darauf gefreut hatten, ihr zu helfen und die Reste aufzuessen. Sie fuhr die Kinder selbst zu der Abendschule, damit sie rechtzeitig dort waren, und später holte ihr Vater sie wieder ab.

Wirklich sehr einfach. Leute, die noch mit dem früheren Partner *reden,* finden diese Geschichte völlig banal. Sie reagieren wohl mit: »Nun? Was haben Sie sich denn sonst vorgestellt?« Sie wissen gar nicht, wie glücklich sie dran sind und wie vernünftig sie sich verhalten. Dagegen meinte jedoch eine andere von den Kindern getrennt lebende Mutter, der ich diese Geschichte erzählte, diese Leute »müssen ja reichlich komisch sein«, wenn sie das alles »so kalt« läßt. Doch überlegen Sie sich einmal, welche Vorteile es hat, wenn Sie die Dinge mit einem etwas kühleren Kopf angehen.

Diese Kommunikation hilft Ihnen auch, ein bißchen besser zu verstehen, was Ihr Kind Ihnen sagen will:

Ich war schrecklich schockiert, als meine Tochter eines Sonntagnachmittags sagte, sie wolle nie mehr wieder zu ihrem Vater zurückgehen. Sie behauptete steif und fest, sie sei ganz schrecklich unglücklich (Nora, die Tochter war zu der Zeit zehn und lebte seit fünf Jahren bei ihrem Vater. Ein Jahr zuvor hatte dieser wieder geheiratet.) Sie weinte und weigerte sich, nach Hause zu gehen. Ich versuchte herauszubekommen, warum sie so unglücklich war, doch bekam nur unzusammenhängende Worte zur Antwort.
Das Beste schien mir, sie bei mir zu Hause zu lassen und rüberzugehen und mit ihrem Vater und dessen Frau zu reden. Sie wußten auch nicht genau, was sie davon halten sollten, und wir kamen überein, daß Nora die Nacht bei mir verbringen solle. Sie wollte viel geküßt und gedrückt werden und schlief schlecht. Einmal fragte sie mich aus heiterem Himmel, ob die Polizei sie wohl zu meiner Wohnung verfolgen würde. Am nächsten Tag rief Anna (die Stiefmutter) an und sagte, sie glaube zu wissen, was das Problem sei. Wir trafen uns wieder, und sie erzählte mir, was sie von ihrer eigenen Tochter Maria (die zwölf war) gehört hatte. Offensichtlich hatte sich Nora in der Schule von den anderen herausfordern lassen und etwas in einem Laden geklaut. Maria hatte zu ihr gesagt, wenn es herauskäme, würde die Polizei sie sicher suchen. Wir waren uns einig, Nora sei ja wohl schon genügend bestraft und Maria meinte, es tue ihr leid, daß sie die Kleine so geängstigt habe. Ihr Vater half ihr, einen Brief an den Inhaber des Ladens zu schreiben (das Geld wurde beigelegt) und überzeugte sie davon, daß die Sache damit erledigt sei.

Ein wichtiger Punkt an dieser Episode aus Noras Leben ist die Tatsache, daß so etwas außerordentlich häufig vorkommt (vielleicht sogar öfter, als viele Eltern zugeben möchten). Im Kontext einer getrennten Familie kann eine ganz gewöhnliche Situation als etwas viel Ernsteres interpretiert werden – vielleicht als Zeichen dafür, daß die Stiefmutter das Kind schlecht behandelt, oder dafür, daß das Kind vom rechten Weg abgekommen ist. Wenn Sie die Dinge in Ruhe besprechen, *bevor* ein solches Problem entsteht, können Sie besser verstehen, was sich da abspielt, und dementsprechend handeln.
Um die Moral der Geschichte noch einmal zu unterstreichen: die Mutter in diesem Fall kommt eigentlich mit Anna nicht

besonders gut aus, denn sie verübelt dieser, daß sie der eigentliche Grund für das Scheitern der Ehe war und kann sich nur schwer zusammennehmen, wenn sie zusammen sind. Doch von Zeit zu Zeit zwingt sie sich dazu. »Beim ersten Mal war es am schlimmsten«, sagt sie. Heutzutage hält sie es einfach nur für vernünftig.

Die Initiative kann auch von der anderen Seite ausgehen. Ein mir bekannter Mann war wie vom Donner gerührt, als seine zweite Frau vorschlug, sie sollten sich mit seiner ersten Frau treffen, um die gesundheitlichen und schulischen Probleme seiner Tochter zu besprechen. (Der Vater hatte das Sorgerecht.) »Und ich bin der Meinung, Andy (der langjährige Freund der Mutter) sollte auch mitkommen.«

Die Antwort des Vaters lautete: »Ach du lieber Gott!«

Doch sie bestand darauf: »Wenn du sie nicht fragst, werde ich das tun. Wir werden irgendwohin zum Essen gehen.«

Auch die Mutter sagte: »Ach du lieber Gott!« als ihr telefonisch der Vorschlag gemacht wurde. Doch sie war zu überrascht, um abzulehnen. Interessanterweise fand Andy die Idee sehr gut. Beim ersten Treffen war der Aschenbecher schon in zwanzig Minuten voll. Doch je mehr sie über das Kind redeten, desto klarer wurde, daß sie alle das Mädchen und seine Probleme mit etwas unterschiedlichen Augen sahen und andere Hintergrundinformationen hatten. Dies war für das Kind keine große Hilfe gewesen und brachte auch die Erwachsenen nicht auf eine Idee, was man gegen die Allergien des Mädchens unternehmen könnte. Jetzt wissen sie mehr. Und erstaunlicherweise entwickeln sie einen gewissen Respekt für das, was die anderen vorschlagen und zu tun versuchen.

»Als ich einhing, hielt ich es für eine dumme Idee«, gibt die Mutter zu. »Aber jetzt bin ich froh, daß ich gar nicht die Zeit hatte, es mir noch einmal zu überlegen.«

Es gibt Zeiten, da wird die von dem Kind getrennt lebende Mutter das Gefühl haben, daß sie irgendwie lahmgelegt wird. Manchmal ist das die natürliche Nebenwirkung der Tatsache, daß ihr Kind erwachsen wird und andere Interessen hat.

Manchmal macht die Stiefmutter auch großen Eindruck auf das Kind, und es wird in zunehmendem Maße Hilfe, Ideen, Spaß und sogar Liebe bei ihr suchen. In diesem Fall ist es nicht leicht, sich zu sagen, daß das wahrscheinlich gut so ist. Völlig verkehrt wäre es aber, Ihr Kind deswegen zu kritisieren; ihm oder der Stiefmutter Vorwürfe zu machen, ein saures Gesicht zu ziehen – all das ist wenig sinnvoll, auch wenn Sie den starken Wunsch danach haben. Ihr Kind wird es Ihnen nicht mit Liebe danken, wenn Sie an sein Loyalitätsgefühl appelieren. Auf diese Weise wird es *Sie* zunehmend mit Problemen, mit tränenreichen Szenen und dem Zwang assoziieren, sich anders zu verhalten als es eigentlich will. Wenn Sie betonen, was es Ihnen alles verdankt, riskieren Sie, daß Sie ihm damit eine Art freudloses Verpflichtetsein andeuten. Ob es Ihnen nun gefällt oder nicht, ein normales Kind wird seinen Spaß haben wollen – wenn es bei Ihnen *und* wenn es in seinem anderen Zuhause ist. Wenn Sie spüren, daß das Pendel der Zuneigung von Ihnen weg und nach der anderen Seite ausschlägt, dann denken Sie doch langfristig, nicht kurzfristig. Das Pendel wird aller Wahrscheinlichkeit nach auch wieder zurückschwingen.

Eine kurzsichtige Reaktion wäre es, wütend zu werden und die einer Mutter gebührende Achtung und Liebe zu fordern. Damit gewinnen Sie zwar ein schnelles Feuergefecht, verlieren aber ganz sicher den Krieg als solchen. Eine weitere kurzsichtige Reaktion ist es, der Anziehungskraft der anderen Frau mit Geschenken und kostspieligen Reisen entgegenwirken zu wollen. Je älter und intelligenter das Kind ist, desto schneller wird es eine derartige Taktik durchschauen. Geschenke jedenfalls sind nicht von Dauer: hält denn irgendein Mensch – ausgenommen ein Jungverliebter – alle Stunde inne, um sich seine Uhr zu betrachten und an die Person zu denken, die sie ihm geschenkt hat? Bei Reisen ist es etwas anderes, denn sie bieten eine Gelegenheit, sich die gegenseitigen Gedanken mitzuteilen und den anderen besser kennenzulernen. Doch wenn Sie eine Reise organisieren, müssen Sie sie auch zu diesem Zweck nutzen. Die Tatsache allein, daß Sie Ihr Kind zum Skilaufen mitgenommen haben, zählt letztendlich wenig. Die Erinnerung daran, wie Sie seine Fortschritte bewundert haben, und vielleicht auch die Art und Weise, wie Sie sich um sein verstauchtes Bein gekümmert haben, könnte sich nach einer gewissen Zeit positiv auswirken.

Was Sie tun können, wenn Sie das Gefühl haben, Sie verlieren den Zugang zu Ihrem Kind, ist, sich zu fragen, wie restriktiv Sie sind. Machen Sie bezüglich Ihrer Ansichten und Ideale keine Kompromisse, doch überlegen Sie sich, ob Sie das Kind nicht vielleicht bei Ihrem Zusammensein auf irgendeine unnötige Weise einschränken. Schließen Sie auch seine Freunde in den Besuch mit ein? Kann es mit Ihnen über diese reden, ohne daß es ihm peinlich oder Ihnen langweilig wird? Dies könnten Dinge sein, die Sie ändern müssen. Was Sie weiterhin tun können ist, geduldig zu sein und Ihre Zuneigung zu zeigen. Langfristig gesehen sind das die Dinge, die respektiert werden.

Eine andere Sache, die Sie weniger kostet als Sie denken, ist, sich ein wenig interessanter und unberechenbarer zu machen. Je genauer Ihr Kind voraussagen kann, was sie bei Ihrem Besuch oder an einem Wochenende tun werden, desto eher wird es diese Unternehmungen als langweilig und uninteressant betrachten. Zugegebenermaßen ist es immer leichter, einen guten Eindruck zu machen, wenn man viel Geld und viel freie Zeit hat und stundenlang zum Tauchen, Fallschirmspringen, oder was sonst ein Kind faszinieren könnte, gehen kann. Doch Geld ist nicht alles. Sie können sich spannender machen, wenn Sie mit neuen Freunden erscheinen, auch solchen seiner Altersklasse; wenn Sie neue Spaziergänge vorschlagen, neue Rezepte, die sie zusammen kochen, oder neue Dinge, die sie gemeinsam sammeln könnten. Vielleicht machen Sie es auch einfach so wie eine Wochenendmutter, die das Bild, das sich ihre Tochter von ihr gemacht hatte, einmal tüchtig erschüttern wollte. »Wir werden ins Kino gehen«, hatte sie gesagt. »Ich bin neugierig auf den neuen Rockfilm.« Völlig überrascht hatte Ihre Tochter geantwortet: »Oh – meinst du wirklich?«

Der eigentliche Kernpunkt ist die Tatsache, daß die Kinder

gerne mit Ihnen zusammen sein werden, wenn es für sie erfreulich ist. Sind die Kinder neugierig auf Sie und bemitleiden Sie nicht als eine tragische Figur, dann macht es noch viel mehr Spaß. Dies bedeutet mit zunehmendem Alter des Kindes einen schrittweisen Übergang vom Muttersein zum Freundinsein. Dieser Übergang ist für Mütter oft schwerer als für Väter. Niemand hat gerne eine Freundin, die sich ständig beklagt. Jeder schätzt und bewundert eine Freundin, die sich die Mühe macht, herauszufinden, was den *anderen* beschäftigt, und die immer wieder fröhlich sein kann.

Eine andere und sehr viel unschönere Art des Ausgebootetwerdens ist es, wenn der frühere Ehemann versucht, den Kontakt, den Sie zu Ihrem Kind haben, abzubrechen. Damit werden wir uns ausführlicher im letzten Kapitel dieses Buches beschäftigen. Hier nur kurz ein Wort dazu. Sie können nicht davon ausgehen, daß das Gericht Sie anders behandeln wird als einen Vater, den man versucht auszubooten, nur weil Sie die *Mutter* sind. Sie müssen Ihre Sache unbeirrt und geduldig weiterverfolgen. Achten Sie auf die folgenden Dinge, die Ihnen dabei helfen könnten:

(1) Seien Sie versöhnlich und finden Sie einen Kompromiß. Wenn Sie einen Fuß in der Tür behalten, können Sie diese später wieder weiter öffnen. Reden Sie Ihren Verwandten und allen gemeinsamen Freunden ins Gewissen, in dieser Angelegenheit etwas zu unternehmen. Setzen Sie diese davon in Kenntnis, daß Sie auch weiterhin versuchen werden, in Verbindung mit Ihrem Kind zu bleiben (aber ohne Hysterie), auch wenn ihnen das ein wenig unangenehm ist.

(2) Sagen Sie Ihrem Kind, seinen Vater zu bitten, ob es Sie treffen kann. Setzen Sie eine Zeit zum Telefonieren fest, wenn nötig mit Rückruf. Bringen Sie den Kindern auch bei, aus der Telefonzelle anzurufen.

(3) Sammeln Sie wenn nötig Beweise für jede Nachricht und jede Handlung, die Sie oder das Gericht bezüglich Ihrer Besuche irreführen sollten, und ebenfalls Beweise für alles, was an tatsächlichen Gesetzesverstößen geschehen ist.

8 Und das ist meine neue Freundin

Wäre die Welt ganz unkompliziert, dann würden sich der Ehemann und die Ehefrau einfach trennen und weiter für sich alleine leben. Derjenige von ihnen, der nicht das Sorgerecht hat, würde zum Wochenendvater bzw. zur Wochenendmutter werden und die Kinder ab und zu besuchen. Andere Leute hätten nichts damit zu tun, und die einzigen Beziehungen, die es zu berücksichtigen gäbe, wären die zwischen den Mitgliedern der eigentlichen Familie.

Doch das Leben ist nun einmal anders. Das zeigen auch die Fallstudien in diesem Buch. Andere Menschen mischen sich ein. Manchmal werden sie für das Kind sogar wichtiger als die Eltern. Doch was auch immer geschieht, der gute Kontakt zu dem von der Familie getrennt lebenden Elternteil hängt oft stark davon ab, wie ein solcher Neuankömmling wahrgenommen wird und wie dieser reagiert.

Viele Beziehungen sind denkbar. Dieses Kapitel beschäftigt sich nun mit den Fragen, die um jede dieser möglicherweise auf der Bildfläche erscheinenden Personen entstehen können. Diese Personen sind: die »andere« Frau oder der »andere« Mann; der »neue Vati« (oder die »neue Mutti«), die neuen Geschwister und die entferntere Verwandtschaft.

Die »andere« Frau oder der »andere« Mann

Wenn eine Familie auseinanderbricht, gibt es sehr häufig eine Frau, die man zumindest zum Teil dafür verantwortlich macht, daß der Ehemann von zuhause weggegangen ist, oder – wenn sie erst später auf der Bildfläche erscheint – dafür, daß sie ihn von der Familie fernhält. Es gibt natürlich auch ihr männliches Gegenstück, den anderen Mann. Das meiste, was ich hierzu sage, gilt für beide.

Gelegentlich existiert eine solche Person eigentlich gar nicht, doch man nimmt trotzdem an, daß es sie gibt. Eine flüchtige Bekannte muß vielleicht zu ihrer Überraschung feststellen, daß sie plötzlich diese Rolle innehat, und die Kinder, die zu Hause vor ihr gewarnt worden sind, werfen ihr seltsame Blicke zu.

Es ist oft nicht ganz klar, welchen Status die andere Frau einnimmt. Mit der Hochzeit muß bis nach der Scheidung gewartet werden. Doch es kann eine langfristige Bindung sein, die als fest betrachtet wird oder die noch offen ist, je nachdem, wie sich die Beteiligten dabei fühlen bzw. die Aussichten einschätzen, daß es zwischen ihnen klappen wird.

Vor allen Dingen möchte Ihr Kind über Ihre neue Freundin wissen: Wird diese Person wohl eine kurzfristige oder eine langfristige Beziehung in Ihrem Leben sein? Offizielle Bezeichnungen wie »Freundin« oder »Ehefrau« bedeuten vielleicht nicht viel. Ihr Kind weiß oder fühlt dies, denn es hat so seine Erfahrungen. Ihm ist wichtig zu wissen, ob das jemand ist, den man als flüchtigen Bekannten behandeln soll oder als festen Bestandteil Ihres Lebens. Erst dann kommen Fragen wie: »Sollte ich auf die Aufmerksamkeit und Liebe, die dieser Person geschenkt wird, eifersüchtig sein? Ist sie eine wünschenswerte Bereicherung für das Leben meines Vaters bzw. meiner Mutter?«

Was Ihr Kind als vorübergehend ansieht, ignoriert es vielleicht. Ist es noch in dem Alter, wo es die Hoffnung nicht aufgibt, eine Versöhnung zwischen seinen Eltern herbeizuführen, kann es sehr wohl *willentlich* Ihre Freundin ignorieren, unabhängig davon, wie das Verhältnis von außen aussieht. Wenn das geschieht, will es sich und Ihnen damit sagen: »Die sehen wir doch nur jetzt mal ab und zu, nicht wahr?« Ist Ihr Kind darüber hinaus, die alte Ehe wieder flicken zu wollen, wird es vielleicht folgendes tun. Erstens kann es versuchen, Ihre Wahl zu beeinflussen. Zweitens kann es eine besondere Beziehung zu

Ihrer Freundin entwickeln, um sicherzugehen, daß diese zu seinen Bedingungen in den innersten Kreis aufgenommen wird. Dies heißt gewöhnlich, daß Sie versuchen müssen, beiden gleichmäßig viel Aufmerksamkeit zu schenken, und es wird vielleicht auf seiten Ihres Kindes zu einer gewissen Unruhe bei Scherzen und Anspielungen zwischen Ihnen und Ihrer Partnerin kommen, bei denen es sich ausgeschlossen fühlt. Das ist natürlich, und man muß daher Kompromisse machen – auf beiden Seiten. Doch die meisten Probleme entstehen eher aus dem eifrigen Bemühen, eine Ehe stiften zu wollen.

Ihr Kind fühlt sich in gewisser Weise für Sie verantwortlich. Das überrascht Sie vielleicht. Doch überlegen Sie einmal: ein Kind, das mit nur einem Elternteil lebt, entwickelt gewöhnlich für diesen ein zusätzliches Verantwortungsgefühl. (Einige Kinder können mit dieser Belastung besser umgehen als andere.) Auch Ihr Kind wird sich aller Wahrscheinlichkeit nach so um Sie sorgen. Trifft es nun auf jemanden, der nur eine vorübergehende Bekanntschaft zu sein scheint, wird es versuchen, diese Geschichte entweder zu verstärken oder zu verhindern, daß eine feste Beziehung daraus wird. Auf jeden Fall wird es die Dinge stärker schwarz-weiß sehen als Sie. Es kann sich auf verschiedene Weise einmischen. Das klassische Vorgehen, um einen Neuankömmling zu vertreiben, sind Spinnen im Schuh, ein Frosch im Bett und jedesmal lange Gesichter, wenn der Eindringling etwas sagt. Doch viele Kinder gehen viel subtiler vor. Einige betrachten alles, was der Neuankömmling kocht oder Besonderes mitbringt, mit mißtrauischen Augen. Andere wechseln plötzlich das Thema und erinnern an die Ferien früher mit der ganzen Familie, oder an einen früheren Freund der Familie, oder an Familienscherze von damals. Das auszuhalten ist viel schwerer, so unangenehm die Frösche auch sind. Während dieser Zeit trifft jeder Versuch des Neuankömmlings, etwas zu fordern oder vor etwas zu warnen, ja sogar eine Änderung der Pläne vorzuschlagen, auf entschiedenen Widerstand. Lieber tut das Kind so, als habe es nichts gehört, geht aus dem Zimmer oder fängt an zu spielen, als sich dabei ertappen zu lassen, daß es zuhört, gehorcht, bzw. nicht gehorcht. Beunruhigender als der Befehl oder die Warnung selbst ist die Tatsache, daß eine solche Person das Recht hat, etwas anzuordnen oder zu befehlen. Das zu dulden heißt für das Kind, stillschweigend den entscheidenden Schritt von einem vorübergehenden zu einem festen Verhältnis hinzunehmen und zu akzeptieren.

Doch es gibt auch Ermutigungen. Zum Beispiel eine Umarmung, ein Lächeln oder Anzeichen dafür, daß das Kind für die – glückliche – Person »schwärmt«. Manchmal ist es fast so, als versuche Ihr Kind, Ihnen zu zeigen, wie Sie diesen Menschen behandeln sollten. Doch ein ermutigendes Verhalten ist nicht immer direkt als solches zu erkennen. Es kann bisweilen recht außergewöhnliche Formen annehmen. Und zwar typischerweise eher dann, wenn das Kind dem Neuankömmling gegenüber sehr gemischte Gefühle hat – beispielsweise Groll hegt, Zuneigung empfindet und Schuldgefühle wegen dieser Zuneigung hat. Ihr Kind zeigt vielleicht, daß es Ihre Wahl billigt, indem es einen kleinen Streit vom Zaun bricht, der sich zu einem Gerangel ausweitet. Bevor es zerrissene Kleider gibt oder jemand sich verletzt, muß dem ein Ende gesetzt werden. Es gibt Tränen, und Ihr Kind sagt zu Ihnen, Sie sollten bloß verschwinden. Und Sie fragen sich dann: »Was hat er nur gegen sie? Es sah doch so aus, als kämen sie gut miteinander aus.« Doch das ist es ja gerade. So wie Ihr Kind empfindet, kann die Beziehung dann verstärkt werden, wenn einige Schranken niedergerissen werden. Es rauft sich mit Ihnen, sagt, es tue ihm leid, und versöhnt sich dann gerne wieder. Das heißt, es möchte in den Arm genommen werden und Zuneigung spüren. Natürlich ist ein solches Verhalten recht anstrengend. Doch man wird sich weniger darüber ärgern, wenn man herausfindet, was es wohl bedeuten könnte.

Erlaubt sich ein Neuankömmling, dessen Beziehung das Kind für vorübergehend hält, zu schnell zu viel, so kommt es oft zu einem Bruch zwischen den beiden, der so schnell nicht wieder zu kitten ist. Das ist am wahrscheinlichsten in der Adoleszenz, wenn der Jugendliche in seinem Stolz leicht verletzt und schnell gekränkt ist. Dann werden Ihr Kind und Ihre Freundin vielleicht zu aller Welt sagen: »Wir sind einfach nicht miteinander ausgekommen.« *Gewöhnlich* heißt das, daß wahrscheinlich beide Seiten den Stolz des anderen falsch eingeschätzt haben. Es braucht sehr viel Selbstvertrauen zu sagen: »Ich bin die Sache offenbar falsch angegangen: könnten wir bitte noch einmal von vorne anfangen?« Besonders deutlich wird dies, wenn man sich auf dem Gebiet der Disziplin »zu weit vorwagt«. Sie werden feststellen, daß das Problem weniger groß ist, wenn Sie einige Regeln festsetzen und das auch klarmachen. Verlassen Sie sich da nicht auf die Intuition des Kindes.

Sie und Ihre Freundin sind vielleicht mitten in einer wunderbaren Beziehung und sind fest davon überzeugt, daß die Sache von Dauer sein wird. Ihr Kind kann das nicht so genau wissen, besonders wenn es Sie nicht allzuoft sieht bzw. Sie schon mit *anderen* Freundinnen gesehen hat, die wie sich herausstellte, nur etwas Vorübergehendes waren. Sie können also nicht erwarten, daß es dem Neuankömmling gehorcht, ohne daß dafür irgendwie der Boden bereitet ist. Sehen Sie die Sache doch einmal aus der Sicht des Kindes: Es gibt nicht den geringsten Grund, warum es plötzlich Befehle von einer Frau entgegennehmen sollte, die es kaum kennt, wenn Sie ihm vorher keine Regeln genannt bzw. es nicht über Ihre Absichten aufgeklärt haben. Denn schließlich ist es ja kein Fußabstreifer. Reden Sie mit Ihrem Kind ein paar Worte darüber, was geschieht. Dabei muß es gar nicht alles bis ins Detail wissen. Und es ist eigentlich auch sehr unwahrscheinlich, daß es viel davon weitererzählt, wenn es nach Hause kommt. Bei Ihnen wird jedenfalls eine größere Harmonie herrschen, wenn Sie deutlich machen, wie Ihre Gefühle sind. Stellen Sie später fest, daß Sie sich geirrt haben, dann sagen Sie ihm das auch. Ihr Kind wird Sie mehr respektieren, als wenn Sie es völlig im Dunkeln lassen.

An bestimmten Punkten werden Sie sich deutlich ausdrücken müssen, wenn es um das Ausüben der Befehlsgewalt geht. Zum

Beispiel so: »Ich bin der große Chef im Haus, Nina, das weißt du doch.« Seine vierjährige Tochter hatte mit Erfolg einen Erwachsenen gegen den anderen ausgespielt. »Und Eva ist der kleine Chef. Und wenn der kleine Chef sagt, es ist jetzt Zeit zu baden, dann gehst du *ohne Widerrede* hoch ins Bad. Hast du das kapiert, junge Dame?«

Einigen Leuten klingt das vielleicht zu sexistisch, das ist mir schon klar. Ich sehe auch keinen Grund, warum der »große Chef« nicht eine Frau und der »kleine Chef« ein Mann sein sollte. Ich stimme voll und ganz damit überein, daß es für die Erziehung eines Kindes besser ist, wenn beide Geschlechter gleichermaßen viel Respekt und Vertrauen genießen, als stereotype Rollenklischees zu vermitteln. Kinder verstehen es übrigens, wenn die Befehlsgewalt an andere delegiert ist, und reagieren darauf. Ein Vakuum schätzen sie überhaupt nicht, sie wollen wissen, daß bestimmte Regeln bestehen. Sind sie mit zwei Gleichgestellten konfrontiert, von denen sie die eine Person sehr gut und die andere kaum kennen, so ist es ihnen eine große Hilfe, wenn Sie die Regeln für eine einfache, altmodische Familiengruppe festsetzen. In der Beziehung zu Ihrer Partnerin können Sie dann nach Belieben Gleichberechtigung herrschen lassen.

Zunächst werden sich diese Regeln nicht einprägen. Und dann wollen Kinder auch immer sehen, wo ihnen Grenzen gesetzt werden. Es drängt sie manchmal geradezu herauszufinden, wie weit sie bei jemandem gehen können. Seien Sie darauf gefaßt, daß Sie dasselbe mehr als einmal sagen müssen, und seien Sie deutlich und konsequent. Wenn Eva (die Eva von vorhin) in einem solchen Fall lächeln kann, hilft das auch viel. Sie beide müssen zeigen, daß die Gruppenstruktur, die Sie für sich ausarbeiten, beides enthält, Spaß und Disziplin.

Und noch ein letztes wichtiges Wort zu dem Thema. Eine neue Freundin sollte Ihr Kind auf keinen Fall körperlich züchtigen (wie auch immer Sie darüber denken), bevor die Beziehung so eng ist, daß Ihr Kind sie spontan in den Arm nimmt und küßt. Nur so kann man sichergehen, daß diese Beziehung etwas

vertragen kann. Andernfalls wird Ihr Kind sich früher oder später dafür rächen.
Viele Leute sind sowieso der Meinung, man sollte körperliche Züchtigungen ganz vermeiden – das kann ich nur unterstreichen, doch das ist nicht das Thema dieses Buches.
Es kann sein, daß zwischen Ihrem Kind und Ihrer neuen Partnerin ein Gespräch herbeigeführt werden muß, an dem Sie *nicht teilnehmen* sollten. So können beide viel mehr über den anderen herausfinden. Übereilen Sie nichts. Aber lassen Sie sich dadurch auch nicht so nervös machen, daß sie es ständig hinausschieben. Wenn Sie dabei zugegen sind, werden Sie das Gefühl nicht los, sich einmischen zu müssen, und das hindert die anderen beiden daran, langsam Verständnis füreinander zu bekommen. Hier ein Beispiel, das zeigt, warum das wichtig ist.
Der (achtjährige) Martin behandelte die neue Frau seines Vaters, Michaela, sehr kühl. Es war während der ersten kurzen Ferien, die sie miteinander verbrachten. Michaela hatte sich größte Mühe gegeben, etwas Gutes zu kochen, Martin hin und wieder eine besondere Freude zu machen, ihm die Gelegenheit zu geben, zu sagen was er wollte und Spiele vorzuschlagen. Doch er sah ihr auch weiterhin nicht in die Augen und erwiderte ihr Lächeln nicht. Es gefiel ihm nicht besonders, auch wenn er immer wieder mit seinem Vater herumtobte und dabei seiner Stiefmutter größtenteils aus dem Weg gehen konnte. Auf ihre Fragen antwortete er kurz und höflich, doch von sich aus fragte oder tat er nichts.
Eines Morgens war Michaela so klug und überredete ihren Mann, aus dem Haus zu gehen, damit er nicht ständig in der Nähe war. »Gib uns nur eine Stunde Zeit«, sagte sie. Dann bat sie Martin, ihr beim Abwasch zu helfen und anschließend belegte Brote für ein Picknick vorzubereiten. Danach setzten sie sich zu Orangensaft und Plätzchen. Bei einer gemeinsamen Arbeit ist es immer einfacher, über etwas zu sprechen, als sich ganz bewußt hinzusetzen, um »einmal ein paar Worte miteinander zu reden.«

Doch sogar jetzt mußte Michaela erst den einen und anderen Vorstoß wagen, bis sie endlich ins Schwarze traf.
»Schreibst du deiner Mutter heute noch die Postkarte? Du weißt doch, die, die wir gestern gekauft haben.«
»Vielleicht. Ich weiß eigentlich nicht so richtig, was ich schreiben soll.«
»Hm. Du könntest irgendwas über das Schloß schreiben, das wir besichtigt haben, über den Schloßgraben und die Verließe.«
Martin schien nicht ganz überzeugt. Er murmelte, seine Mutter habe ihm verboten, irgend etwas über sie, Michaela, oder eine gemeinsame Unternehmung zu schreiben.
»Warum schreibst du nicht einfach: ›Vati und ich haben das Waldschloß besucht‹?« schlug Michaela vor. »Das ist die Wahrheit, und du schreibst nichts über mich.«
Martin hielt das für eine gute Idee und dankte ihr.
»Du mußt nichts sagen, wenn du nicht willst, aber, warum sollst du mich eigentlich nicht erwähnen, Martin?«
Er war erleichtert, darüber reden zu können. Es war eine recht schwere Last, die er da stumm getragen hatte. »Weil du eine schreckliche Frau bist, die sehr schön ist, und du hast Vati verführt und ihn uns weggenommen.« Dies hörte sich ein kleinwenig nachgeplappert an, wie eine richtige Litanei.
»Ach so«, meinte Michaela so munter sie konnte. »Sag mal, hältst du mich denn für so schlecht?«
Praktisch zum esten Mal schauten sie sich voll in die Augen. Plötzlich fingen beide an zu lachen.
»Nein, das bist du nicht«, entschied er.
»Und was das ›schön‹ angeht, wenn ich will, kann ich wie ein Mops aussehen – schau!«
Martin bewunderte ihr schauspielerisches Talent, mußte schrecklich lachen und meinte, sie sähe wirklich ganz greulich aus.
Als Martins Vater zurückkam, herrschte offenbar eine ganz andere Stimmung. Aber denken Sie nur nicht, daß danach alles glatt ging. Das kommt selten vor. Doch es war ein wichtiger Schritt. Sie wußten plötzlich viel mehr voneinander. Martin

konnte sich entspannen und die Ferien mehr genießen. Dasselbe galt auch für Michaela.
Eine oft heiß diskutierte Frage ist, ob die Kinder zur Hochzeit kommen sollen, wenn der Elternteil wieder heiratet, der das Sorgerecht nicht hat. (Die Frage ist emotional noch belasteter, wenn die Kinder bereits die zweite Hochzeit des Elternteils, bei dem sie leben, mitgemacht haben.) Hier gibt es keine festen Regeln. Ich meine, daß es von drei Dingen abhängt.
Erstens: Hat Ihr Kind eine erfreuliche Zeit mit Ihrem zukünftigen Ehegatten gehabt? Kann man sagen, daß sie eine enge Beziehung zueinander haben?
Zweitens: Wird Ihr Kind denken, es habe etwas verpaßt, und traurig sein, wenn es nicht eingeladen wird?
Drittens: Ein Kind fühlt sich bei der Hochzeit des Vaters oder der Mutter (jetzt einmal unabhängig von den äußeren Umständen) oft fehl am Platze. Gibt es einen Menschen oder irgendeine Gruppe von Menschen, auf die Sie sich verlassen können und die Ihrem Kind bei der Hochzeit Zeit und Aufmerksamkeit schenken und ihm gute Gesellschaft leisten?
Ist die Antwort in jedem dieser Fälle »ja«, dann sollten Sie Ihr Kind unbedingt einladen. Halten sich »ja« und »nein« die Waage, dann müssen Sie die Faktoren abwägen und sich auf Ihr eigenes Urteil verlassen. Sind Ihre Kinder altersmäßig relativ nah beieinander, sollten Sie beide bzw. alle fragen, ob sie gerne dabei sein wollen.
Sollte ein Kind nicht kommen wollen, dann belassen Sie es dabei. Es hat keinen Zweck, die Angelegenheit zu forcieren.
Vielleicht sagt man Ihnen, daß die Festlichkeiten Ihr Kind sehr verstören würden. Doch darüber sollten Sie selbst urteilen; fragen Sie es daher direkt.
Vor diesem Ereignis gibt es die wohlbekannte Situation, daß die frühere Ehepartnerin jegliche Treffen zwischen Ihrer jetzigen Partnerin und Ihren Kindern verbietet, bevor Sie nicht verheiratet sind. Das kommt heute nicht mehr so häufig vor wie früher. Doch wahrscheinlich wird eine zweite Eheschließung durch eine solche Forderung oft beschleunigt, und die Hochzeit

findet eher statt als es sonst der Fall gewesen wäre. Was tun Sie in einem solchen Fall, angenommen Sie wollen sich nicht drängen lassen? Erstens gibt es keinen juristischen Grund, warum Sie Ihr Kind nicht weiter sehen können, ob nun mit oder ohne Partnerin. Dem Gericht müßte erst so etwas wie ein Strafregister vorgelegt werden, bevor Sie Ihr Kind nur unter der Bedingung sehen dürfen, daß Sie es nicht mit dieser Person zusammenbringen.
Sie ziehen es vielleicht vor, eine Frau erst richtig kennenzulernen, bevor Sie diese mit Ihrem Kind bekannt machen, doch das ist Ihre ganz persönliche Entscheidung.
Wenn es sowieso problematisch ist, feste Besuchszeiten auszumachen, entscheiden Sie sich vielleicht dafür, sich besser nicht mit Ihrem früheren Ehepartner anzulegen und bei den Besuchen keine dritte Person dabeizuhaben. Doch hüten Sie sich vor zweierlei. Sieht es erst einmal so aus, als richteten Sie sich nach diesen Forderungen, dann werden Sie später, wenn Sie schließlich meinen, jetzt sei es an der Zeit, daß Ihr Kind und Ihre neue Partnerin sich einmal treffen, des Verrats (oder noch schlimmerer Dinge) bezichtigt. Ist Ihr Kind älter, so wird es möglicherweise gar auf ein solches Treffen dringen. Und die Situation ist ja auch nicht ganz einfach: wie wollen Sie denn den Schritt von den samstäglichen Besuchen Ihres Kindes zu einem mehrtägigen Aufenthalt in Ihrer Wohnung machen, wenn Sie Ihre Partnerin oder Ihren Partner völlig davon ausschließen? Lassen Sie sich daher nicht auf etwas ein, das diesen Kontakt völlig verbietet. Es wird heißen, daß das »die Kinder sehr quälen wird«. Das heißt aber eigentlich, daß diese Vorstellung dem früheren Ehepartner sehr unangenehm ist. Es kann jedoch nicht annähernd so quälend sein wie beispielsweise heftige Streitereien zwischen den Eltern oder der Verlust des Kontaktes zu dem einen Elternteil. Und gewöhnlich wird auf diese Weise vor allen Dingen die Neugierde Ihres Kindes befriedigt. Anders kann es sein, wenn Sie sich von Ihrer (neuen) Partnerin trennen und die Kinder mit einer anderen Person bekannt machen, die diese weniger anziehend finden. Viele Kinder

haben mir mit einem gewissen Bedauern gesagt: »Vati kann sich anscheinend nie richtig festlegen«. Folgt eine Freundin auf die andere, dann müssen Sie darauf gefaßt sein, daß auch Ihre Kinder sich da beteiligt fühlen: es wird Veränderungen geben, die sie begrüßen, während andere sie traurig stimmen werden. Manchmal wird das Nichttreffen der »anderen« Frau bzw. des »anderen« Mannes als Druckmittel benutzt, wenn es darum geht, die Kinder öfter besuchen zu dürfen, weniger Unterhalt zahlen zu müssen oder ähnliches. Vermeiden Sie so etwas möglichst. Abgesehen von allem anderen, wird Ihre Partnerin sich nicht wie ein Bauer auf dem Schachbrett herumschieben lassen wollen. Und schließlich ist ein solches Verhalten auch eine Konzession an die Politik des »Wie du mir, so ich dir« und führt unweigerlich zur Verbitterung.

Der »neue« Vati (oder die »neue« Mutti)

Das folgende kann sich – wie bei der »anderen« Frau – natürlich auf einen Mann oder eine Frau beziehen. Wenn Ihre frühere Partnerin wieder heiratet oder einen neuen Partner findet, mit dem sie jetzt zusammenlebt, wird das Folgen für Ihre Kinder und wahrscheinlich auch für Ihre Beziehung zu diesen haben.
Die Kinder können zu dieser Person sehr unterschiedlich eingestellt sein. Das macht es so schwierig, die Folgen vorauszusagen. *Möglicherweise* können Sie die eine oder andere der folgenden Veränderungen feststellen.

Weniger Zeit

Es ist fast sicher, daß der neue Stiefvater ab und an etwas mit Ihren Kindern unternehmen will – wenn auch vielleicht nicht sofort – und das wird Zeit in Anspruch nehmen. Sie werden möglicherweise um die Nachmittage am Wochenende in Konkurrenz treten. Hier werden einige Kompromisse und etwas Feingefühl nötig sein.

Loyalitätskonflikte

Ihr Kind fühlt sich vielleicht plötzlich hin und her gerissen zwischen der Zuneigung zu dem Neuankömmling und dem Wunsch, mit Ihnen in gutem Einvernehmen zu bleiben. Es hat möglicherweise das Gefühl, daß es zwischen Ihnen beiden wählen muß. Setzen Sie es damit nicht unter Druck. Denn warum sollte es Sie schließlich nicht beide mögen und bewundern, wenn Sie beide etwas zu bieten haben? Die beste Lösung ist, wenn das Kind gelegentlich sie beide sehen kann, und auch, daß Sie das eine oder andere Wort miteinander wechseln. Es ist keine so große Belastung mehr, wenn es das Gefühl hat, daß es mit Ihnen beiden natürlich und offen reden kann.

Enttäuschung und Ärger, ersetzt zu werden

Besonders in einer Situation, wo ein älterer oder einziger Sohn plötzlich vor die Tatsache gestellt ist, daß seine Mutter sich wieder verheiratet, kann ein tiefer Groll darüber aufkommen, daß er bei der Mutter – die das Sorgerecht hat – aus der Rolle der Stütze und des Trösters verdrängt wird. Dann kann es Ihnen geschehen, daß der Junge sich mit der Bitte an Sie wendet, zurückzukehren oder ihm dabei zu helfen, den Eindringling zu verjagen. Möglicherweise fragt er Sie sogar, ob er nicht statt dessen bei Ihnen wohnen kann.
Widerstehen Sie der Versuchung, sich überlegen zu fühlen. Es ist großartig, daß Ihr Kind sich Ihnen anvertrauen und mit Ihnen das Problem besprechen kann. Doch glauben Sie nicht alles, was Ihnen über das Unerwünschtsein des Neuankömmlings erzählt wird. Denken Sie immer daran, daß der Groll sich

legen kann, wenn man Ihrem Kind nur das Gefühl gibt, daß es auch weiterhin eine wichtige Rolle in seinem Zuhause und in der Zuneigung des anderen Elternteils spielt. Öffnen Sie ihm immer die Tür, wenn es zu Ihnen kommen und eine Weile bleiben will, doch betrachten Sie das als einen vorübergehenden Besuch. Hören Sie Ihrem Kind genau zu und unterstützen Sie es, indem Sie ihm Möglichkeiten vorschlagen, sich zu Hause taktvoll zu verhalten. Bitten Sie darum, wenn möglich den Neuankömmling einmal kennenzulernen, und achten Sie sowohl auf dessen gute Seiten als auch auf das, was das Kind über ihn erzählt hat. Langfristig gesehen wird Ihr Kind Sie vielleicht für großzügiger und klüger halten, wenn Sie es auf die guten Seiten dieses Mannes aufmerksam machen und geschickt Frieden stiften, als wenn Sie mit ihm zusammen auf die Barrikaden gehen.

Das Problem mit der Anrede

Möglicherweise bittet man Ihr Kind, die neue Person »Vati« bzw. »Mutti« zu nennen, und das geht ihm gegen den Strich. Hat das Kind bereits ein entsprechendes Alter erreicht, neigen Stiefeltern heutzutage eher dazu, sich statt dessen mit dem Vornamen anreden zu lassen, doch es gibt da auch Ausnahmen. Ihre erste Reaktion kann sein, sich in den Kampf zu stürzen und prinzipiell zu fordern, daß nur *Sie* hier der »Vati« sind. Doch es ist am besten, einen klaren Kurs dabei zu steuern. Denn Sie müssen ja nicht die ganze Woche mit den Folgen einer ständigen Auseinandersetzung leben. Und falls Ihr Kind Sie bittet, Sie weiterhin »Vati« nennen zu dürfen, oder wenn es Sie von jetzt an bei Ihrem Vornamen nennen will, warum lassen Sie sich dann nicht einfach auf das ein, womit es sich offenbar wohler fühlt? Eigentlich ist es doch schmeichelhaft, wenn es Sie darum bittet. Sie sollten alles unterstützen, was bei dem Kind das Gefühl verstärkt, daß es sich bei Ihnen entspannen, offen reden und Kraft aus dem Zusammensein mit Ihnen ziehen kann.

Konfliktpunkte: Sitten, Betragen, Akzent, Kleidung, usw.

Der neue Stiefvater kann Vorstellungen von gutem Benehmen haben, die sich von den Ihren unterscheiden. Diese Vorstellungen sind möglicherweise in Regeln gekleidet, denen Ihr Kind jetzt gehorchen muß. Nun, wenn Sie sich nicht in das Sorgerecht teilen, können Sie praktisch nichts dagegen unternehmen. Halten Sie sich in Ihrem eigenen Haus, und immer wenn Sie mit Ihrem Kind zusammen sind, an Ihre eigenen Regeln. Doch hüten Sie sich, eine Revolte zu schüren – indem Sie beispielsweise Ihrem Kind im Jugendlichenalter, das (entgegen der neuen Regelung) zu Hause rauchen möchte, sagen, es solle doch das ganze Päckchen nehmen und sich ruhig eine anzünden. Das wird niemandem etwas bringen. Wenn sich Ihr Kind wegen irgendwelcher neuen Regeln an Sie wendet, dann raten Sie ihm, es solle das Problem am besten offen angehen und darum bitten, es zu besprechen, statt stumm Widerstand zu leisten. Reden Sie mit ihm über die Kunst des Kompromisseschließens und erinnern Sie es dann daran, daß es völlige Freiheit haben wird und alle Regeln umstoßen kann, wenn es erst einmal alleine lebt.

Geschichten über Stiefeltern

Die gibt es haufenweise. Glauben Sie nicht alles, was Sie da zu hören bekommen, besonders von leicht zu beeindruckenden Sieben- und Achtjährigen, die sich schnell in Märchen hineindenken können und letztendlich alles, was sie da hören, auch noch glauben. Oft tragen andere Kinder auch noch ihren Teil dazu bei: wenn sie hören, daß einer ihrer Freunde eine Stiefmutter bekommen wird, sagen sie: »Und nimm bloß keinen Apfel von ihr.« Es ist etwas anderes, wenn Sie *Anzeichen* dafür sehen, daß Ihr Kind schlecht behandelt wird, oder wenn Sie spüren, daß es nicht deswegen so aufgeregt ist, weil es etwas zu erzählen hat, sondern weil es die Geschichte so schrecklich findet. Dann müssen Sie das Problem sofort mit dem Verantwortlichen besprechen. Wenn Sie nach einem solchen Treffen unsicher sind, sollten Sie direkt zum Jugendamt gehen und dort die Angelegenheit besprechen. Es ist sehr gut möglich, daß es besser ist, wenn sich jemand Drittes einmal ansieht, was da vorgeht.

Neue Geschwister

Ihr neuer Partner hat möglicherweise auch Kinder. Vielleicht werden sie mit Ihnen leben, vielleicht auch nicht. Doch irgendwann einmal werden Ihr Kind und diese anderen Kinder sich treffen müssen. Wie werden sie miteinander auskommen? Wenn sie sich das erste Mal sehen, kann man noch nicht sagen, wie es ausgehen wird. Sind es auf beiden Seiten gleich viele – eins und eins, zwei und zwei, usw. – dann sind die Chancen beträchtlich größer, daß schnell Erfolge zu sehen sind. Gibt es zum Beispiel hier zwei und dort nur einen, wird es oft von Anfang an Probleme geben. Die zwei können sich leicht gegen den einen verbünden. Dieses Einzelkind ist gezwungen, einen großen Schritt zu tun, denn erst dreht sich alles um es, und dann ist es plötzlich ganz überflüssig. Es kann aber auch so ausgehen, daß dasjenige der Geschwister, das dem Einzelkind altersmäßig näher steht, versucht, dieses zur Unterstützung für den Kampf zu rekrutieren, den es gerade mit seinen Geschwistern führt.

Wenn etwas Derartiges geschieht, und die Kinder streiten sich, statt miteinander zu spielen, sollten Sie daran denken, daß das in der Schule ständig geschieht. Sie müssen Möglichkeiten finden, wie sie miteinander auskommen können. Das wird umso eher geschehen:

(1) Wenn Sie ihnen nicht befehlen, freundlich zueinander zu sein.

(2) Wenn Sie sich einmal klarmachen, daß es Kinder gibt, die sich *mögen,* daß andere sich dagegen nur *dulden.* (Erwarten Sie

daher nicht zuviel, was Miteinanderlachen und Kooperation angeht: ein Nebeneinanderherspielen ist eine gar nicht so schlechte Form der Koexistenz.)

(3) Wenn Sie in Ihrem Haus für beide dieselben Regeln gelten lassen.

(4) Wenn Sie den Kindern nötigenfalls einschärfen, das persönliche Eigentum des anderen und dessen Bereich im Haus zu respektieren.

(5) Wenn Sie mindestens eine Auseinandersetzung unbeeinflußt ihren Gang nehmen lassen (das heißt natürlich, nur bis es anfängt gefährlich zu werden). Kinder müssen oft ihre Aggressionen austoben, bzw. testen, wie weit sie bei dem anderen gehen können. Oft sind ihre Beziehungen danach viel besser, es sei denn ein Kind ist tatsächlich gestört und sucht ständig Streit. (In diesem Fall braucht Ihr Kind die Hilfe eines Psychologen.)

(6) Wenn Sie und Ihr Partner auf ähnlichen Regeln bestehen und keine Seite vorziehen.

Es gibt nur wenige Untersuchungen zu diesem Problem, doch die Interviews, die ich gemacht habe, legen nahe, daß es kaum einen Unterschied macht, ob die plötzlich zusammengeworfenen Kinder gleichgeschlechtlich bzw. gleichalt sind oder nicht. Gemeinsame Interessen – ob das nun Fußball, Musik oder Makramee ist – tragen gewöhnlich mehr dazu bei, daß sie gut miteinander auskommen, es sei denn, ein Kind ist viel weiter damit als das andere und bildet sich etwas darauf ein. Unterstützen Sie so etwas nicht, wenn Sie es vermuten, und fördern Sie statt dessen die Idee, dem anderen zu helfen.

Einige von Ihnen werden feststellen müssen, daß der Elternteil, der das Sorgerecht hat, nicht erlauben wird, daß die Kinder Ihres Partners Ihre Kinder zu Hause besuchen, auch wenn diese sie einladen. Versuchen Sie, dem zuvorzukommen, indem Sie schon im voraus die Reaktionen sondieren, damit kein Kind in Verlegenheit gebracht oder verletzt wird.

Wenn Sie mit Ihrem Partner noch weitere Kinder haben, bekommt Ihr eigenes Kind einen Halbbruder bzw. eine Halbschwester. Hier liegen die Dinge noch einmal anders. Ihr

Kind hat von Anfang an die Möglichkeit, mit dabei zu sein. Seien Sie nicht schüchtern. Erzählen Sie ihm, was passieren wird, damit es das zuerst von Ihnen hört. Lassen Sie es einige der Vorbereitungen mit ansehen, genauso als würden Sie ihm von einem neuen richtigen Geschwister erzählen.

Dies kann ein sehr großes Erlebnis für das Kind sein, besonders, wenn ein derartiges Ereignis in seinem anderen Zuhause nicht direkt in Aussicht steht. Es verdient, ein wenig an der Aufregung teilnehmen zu dürfen, so daß es davon lernen und zu dem neuen Familienmitglied eine gute Beziehung entwickeln kann.

Anfangs ist es vielleicht eifersüchtig. Es wäre erstaunlich, wenn es das nicht wäre. Doch ein Kind, das bereits darauf vorbereitet ist, und dem später erlaubt wird, zu helfen dem Baby das Bad zu bereiten, das Babyöl bereitzustellen, die Windeln zu holen und was sonst noch zu tun ist, wird sich zu wichtig vorkommen, um lange eifersüchtig zu sein.

Das Kind kann aber auch Angst um den anderen Elternteil haben, besonders wenn Unterhalt gezahlt wird und ihm schon angekündigt worden ist, daß es weniger Geld geben wird, wenn Sie noch ein Kind bekommen. Derlei Befürchtungen ist recht leicht auf die Spur zu kommen. Wenn das Kind alt genug ist, sich verantwortlich zu fühlen, sollten Sie ihm erklären, welche Veränderungen es möglicherweise geben wird und warum. Besser, es wenn nötig auf die Palme zu bringen, als daß es dem Baby etwas übelnimmt. Manchmal sind Kinder – hauptsächlich, jedoch nicht ausschließlich, die Mädchen – so von der Ankunft eines Babys hingerissen, daß sie kaum von etwas anderem reden können. Raten Sie ihnen, sich das für die Schule aufzuheben und zuhause nur darüber zu reden, wenn sie gefragt werden. Ein gewisser Takt wird allen helfen.

Die erweiterte Familie

Einer der traurigen Aspekte der Scheidung ist die Art und Weise, wie die Großeltern manchmal den Kontakt zu ihren Enkeln verlieren. Wenn die Familie hunderte von Kilometern weit weggezogen ist, läßt sich da oft nicht viel machen. Doch Sie können immer noch beispielsweise einen älteren Onkel, der die Kinder jetzt kaum mehr sieht, mit berücksichtigen, wenn Sie die Abzüge von den Urlaubsphotos machen lassen. Daß Sie diese Leute, was die Entwicklung Ihres Kindes angeht, auf dem laufenden halten, ist eine Sache; Sie sollten aber auch Ihr Kind von Zeit zu Zeit daran erinnern, wen es alles in Ihrer Familie gibt. Sonst wird es viele Jahre später vielleicht nur eine vage Vorstellung haben, wer seine Verwandten sind. Ein mir bekannter Wochenendvater war wie vom Donner gerührt, als sein vierzehnjähriger Sohn ihn fragte: »Wer sind eigentlich die beiden alten Leute auf dem Photo dort drüben?« »Aber – das sind doch deine Großeltern.« Dann wurde es ihm langsam klar. Die Großmutter war gestorben, der Großvater war in einem Pflegeheim. Das letzte Mal hatte sein Sohn den alten Mann vor sechs Jahren gesehen. Er wußte kaum etwas von diesen Leuten. Konnte man ihm da einen Vorwurf machen?

Es ist eine gute Idee für einen regnerischen Nachmittag, einen Stammbaum anzufertigen. Was auch geschieht, Ihr Kind wird dann etwas über die verschiedenen Zweige Ihrer Familie wissen. Machen Sie auch zusammen Besuche bei den Verwandten. Sie werden feststellen, daß einem von ihnen plötzlich etwas Faszinierendes einfallen wird, was man sich ansehen oder unternehmen könnte – und das gerade, wenn Ihnen absolut nichts mehr einfällt.

Wenn Sie Ihrem Kind das Gefühl geben, einer größeren Gruppe von Menschen anzugehören, ist das vielleicht mit die beste Art, ihm zu helfen. Erzählen Sie ihm, was es Besonderes an den Namen in Ihrem Stammbaum gibt, und ob die Leute glücklich oder unglücklich gelebt haben. Erwecken Sie diese Menschen für Ihr Kind wieder zum Leben.

Es hängt genauso auch von Ihnen ab, ob die Verbindung zu der Familie Ihres früheren Ehepartners abgebrochen wird oder nicht. Vielleicht sehen diese Leute Sie nicht gerne mit den Kindern, weil sie für die andere Seite Loyalität empfinden. Doch diese recht altmodische Einstellung verliert mehr und mehr an Boden. Fahren Sie gerade an dem Haus Ihres Schwagers vorbei, und Ihren Kindern fällt plötzlich ein, daß man diesen einmal besuchen könnte, dann ist das eine ganz natürliche Reaktion, die man nicht unterdrücken sollte. Sie werden da Ihre Zweifel haben, aber versuchen Sie es ruhig einmal. Vielleicht wartet er darauf, daß Sie den ersten Schritt tun. Nur Erwachsene meinen, Familien von Geschiedenen müßten so aufgeteilt sein. Kinder ganz sicher nicht: sie sind bei derlei Dingen viel sensibler.

9 Einen Streitpunkt daraus machen

Wenn es sich irgend vermeiden läßt, gehen sie nicht zu einem Rechtsanwalt oder vor Gericht. So verkürzt gesagt bleiben die Ausnahmen natürlich unbeachtet: es gibt viele Leute, für die der Rechtsanwalt der einzige mitfühlende Mensch ist, dem sie trauen können. Ich will nicht abstreiten, daß das sehr viel wert ist. Doch lösen Sie, wenn möglich, Ihre Probleme selbst.

Hie und da, vor allem wenn es um die Scheidung selbst geht, kann man auf einen Rechtsbeistand nicht verzichten. Es gibt zwar Ehepaare, die sich aus Bequemlichkeit wie auch aus Geldgründen einfach trennen und dann eine Beziehung zu einem neuen Partner anfangen – und zwar ohne die Formalität, sich scheiden zu lassen und ein zweites Mal zu heiraten. In diesem Buch können wir das Für und Wider eines solchen Vorgehens nicht erörtern. Doch es ist wichtig, darauf hinzuweisen, daß es zu Durcheinander und Problemen führen kann, wenn man juristische Formalitäten vermeiden will – beispielsweise zu Problemen bezüglich der Unterhaltspflicht und auch bei Fragen des Sorgerechts für die Kinder, des Einflusses auf deren Schulbildung und die Gestaltung ihrer weiteren Beziehung zu den Eltern. Hierbei ist es sinnvoll, mindestens einmal kurz vor Gericht zu gehen, so daß allen Beteiligten die grundsätzliche Regelung klar wird.

Diesen Gerichtsbesuch können die Rechtsanwälte eigentlich sogar alleine erledigen. Die Vereinbarungen über das Sorge- und Besuchsrecht können aus der Ferne geregelt werden, ja, eigentlich die meisten Details der Scheidung. Dazu ist nur eine schriftliche Einverständniserklärung beider Ehepartner nötig, deren Wortlaut beide Anwälte zustimmen müssen. (Vorausgesetzt natürlich, beide Parteien sind einverstanden.)

Bedenken Sie vor allem, wie die Realitäten des Rechtssystems nun einmal sind. Wenn die Bedingungen des Sorge- und Besuchsrechts erst einmal gerichtlich festgelegt sind, und die Eltern streiten sich dann, gelingt es nur in wenigen Fällen, daß ein Elternteil eine Abänderung dieses Gerichtsbeschlusses erreichen kann. Die Gerichtsbeamten sehen die Dinge gerne ein für alle mal festgelegt, teilweise weil sie die Kinder nicht weiter verwirren wollen und teilweise weil sie lieber den *status quo* aufrechterhalten sehen, bis es ganz deutlich ist, daß hier etwas anders werden muß. Die Dinge lassen sich einfacher ändern, wenn Sie sich mit Ihrem früheren Ehepartner auf das Neue *einigen* können.

Wenn Sie meinen, Sie müßten irgend etwas bezüglich des Sorge- oder Besuchsrechts mit Ihrem Rechtsanwalt besprechen, dann tun Sie das nur, wenn Sie eine klare Vorstellung davon haben, was Sie erreichen wollen. Denken Sie daran, daß seine Zeit Geld kostet. Haben Sie, bevor Sie ihn anrufen, auch an die städtische Rechtsberatung gedacht? Es ist ganz sinnvoll, es erst einmal dort zu versuchen, dann können Sie schon im voraus erfahren, ob Sie einen gerechtfertigten Grund zur Klage oder eine einigermaßen gute Chance haben, daß sich die Angelegenheit rechtlich bereinigen läßt. Es kann natürlich vorkommen, daß Sie der Meinung sind, einen berechtigten Anspruch auf diese juristische Hilfe zu haben. Doch das klappt unglücklicherweise nicht immer so. Vielleicht wird, nachdem Sie einen Antrag gestellt – und sich damit bereits darauf eingelassen haben – entschieden, daß Sie nur einen bestimmten Anspruch haben und den Rest aus Eigenmitteln finanzieren müssen. Man kann das nicht immer im voraus sagen, obzwar jeder bessere Anwalt in der Lage sein wird, Ihre Chancen genauer einzuschätzen.

Anwälte sind keine Halsabschneider. Jedenfalls nicht, wenn es sich um richtige Anwälte handelt. Doch ein Anwalt ist auch nur ein Mensch. Er muß sein Geld verdienen wie jeder andere, und er muß seine Zeit realistisch berechnen. Dabei ist es ganz egal, ob er sie damit verbringt, mit Ihnen zu reden, einem anderen

Anwalt zu schreiben oder einfach über das Problem nachzudenken. Das alles kostet etwas.
Manchmal sieht der eine Ehepartner diesen Punkt, der andere aber nicht. Das führt dann dazu, daß alles durch den Rechtsanwalt erledigt wird, auch das Arrangieren der Besuche und sogar das Abholen der Kinder. Wird Unterhalt gezahlt, so vermindert sich dadurch letztendlich der Betrag proportional, der eigentlich gebraucht wird, damit es dem früheren Ehepartner und vor allem den Kindern gut geht. Das kann eine harte Lektion sein.
Annähernd ein Viertel der vielen getrennt lebenden und geschiedenen Väter und Mütter, mit denen ich geredet habe, gaben im Lauf des Interviews zu, daß sie es bedauern und sich im nachhinein übelnehmen, daß sie sich in einem solchen Fall nicht klargemacht hatten, wie die juristische Zahluhr erbarmungslos tickte.
Es gibt ein weiteres wichtiges Argument, warum man nicht Zuflucht zu den Anwälten nehmen sollte, wenn die Scheidungsformalitäten erst einmal abgeschlossen sind. Das verlängert nur die ganzen die Scheidung begleitenden Aktivitäten. Die Scheidung selbst, die ja eine Trennung ist und Schmerzen bereitet, sollte man schnellstmöglich hinter sich bringen, um sich möglichst bald in der Zeit nach der Scheidung zurechtzufinden. Sie wissen sehr gut, was jeder Umschlag mit der aufgedruckten Adresse des Rechtsanwalts bedeutet. Es ist immer ein Warnschuß, wenn nicht gar ein scharfer Schuß. Die Feindseligkeiten, so erklärt er, sind immer noch nicht beigelegt. Sie haben ganz sicherlich mehr als einen solchen Brief erhalten und wissen, wie nervös oder ärgerlich Sie darauf reagieren, ob er nun von Ihrem eigenen oder dem gegnerischen Anwalt kommt. Versuchen Sie wenn möglich, alle anstehenden Probleme anders zu lösen, so daß die Atmosphäre, in der Sie zu einer Lösung kommen, für Sie, Ihren früheren Ehepartner und die Kinder besser ist. Das kann auch Ihrem Bankkonto nicht schaden.
Trotz alledem kommt die Zeit, wo Sie das Gefühl haben, Sie

müssen einfach die Auseinandersetzung in das Büro eines Rechtsanwalts und vielleicht gar vor Gericht tragen. Die üblichsten Situationen für so etwas (außer wenn es die Nichteinhaltung von Unterhaltszahlungen betrifft) sind folgende: Sie dürfen Ihr Kind nicht so häufig sehen, wie ausgemacht und in dem Gerichtsbeschluß festgesetzt; Sie haben Angst, daß Ihr Kind körperlich oder seelisch mißhandelt wird, und wollen, daß das Sorgerecht geteilt oder Ihnen übertragen wird. Dies kann natürlich alles zusammenhängen und ein verzwicktes Problem ergeben, doch wir machen es uns besser einzeln anschaulich.

Nehmen wir einmal an, man läßt Sie Ihr Kind nicht so häufig besuchen wie Sie dazu eigentlich berechtigt wären. Eine ganze Zeit haben Sie versucht, es so einzurichten, daß Sie Ihr fünfjähriges Kind endlich einmal treffen können. Theoretisch hätte Ihnen das mindestens alle zwei Wochen zugestanden. Doch drei Monate sind vergangen und alles, worauf Sie gestoßen sind, war eisiges Schweigen am Telefon, die Weigerung, Ihre Briefe zu öffnen, verschlossene Türen und keine Antwort auf Ihr Klingeln, wenn Sie zur verabredeten Zeit vor der Tür standen. Über einen Verwandten oder gemeinsamen Freund ist Ihnen mitgeteilt worden, daß Ihr früherer Ehepartner es lieber hätte, wenn Sie Ihr Kind nicht mehr sähen, daß Sie einen schlechten Einfluß auf das Kind haben sollen, und daß dieses Sie sowieso nicht mehr sehen will.

Das alles ist eine äußerst unangenehme Situation. Doch so etwas kommt ständig vor. Glauben Sie nur nicht, Ihr Fall sei der erste und einzige dieser Art. Sie müssen verstehen, daß die Juristen Ihnen hier zwar ein wenig weiterhelfen können, doch nur ein Stück weit. Der Rest hängt von Ihnen und Ihrem diplomatischen Geschick ab.

In der oben beschriebenen Situation haben Sie ausreichend Grund zu dem Glauben, daß man Sie bewußt aus dem Leben Ihres Kindes hinausdrängen will. Sie wollen das nicht und werden es auf eine Auseinandersetzung ankommen lassen. Also gut. Schreiben Sie zunächst Ihrem früheren Ehepartner dahingehend, und zwar entschieden, aber ohne Hysterie: Sie seien der Meinung, man würde Sie grundlos an der Ausübung Ihres Besuchsrechts hindern, und Sie hätten das Gefühl, das schade Ihrem Kind und auch Ihnen selbst. Bitten Sie darum, daß es einfach so eingerichtet wird, daß Sie Ihr Kind für etwa einen Monat jeden zweiten Sonntag treffen können – auf Probe, wenn das dem anderen lieber ist. Dann fügen Sie noch hinzu, daß es Ihnen leid tut, Sie aber mit der Sache zu einem Anwalt gehen müssen, wenn es so nicht geht. Bewahren Sie eine Kopie dieses Briefes und eine etwaige Antwort auf.

Das kann etwas bringen – nun, gut so! Sie haben viel Zeit und Mühe gespart. Jetzt nutzen Sie es auch.

Doch wenn *nichts* dabei herauskommt, sollten Sie Ihrem Anwalt kurz das Problem erklären und mitteilen, welche Schritte Sie bereits unternommen haben. Dann geben Sie ihm ein Blatt Papier (das Sie schon vorbereitet haben und nur aus der Tasche ziehen müssen), auf dem alle wichtigen Details und alle Daten klar aufgeschrieben sind. Es soll keine Lebensgeschichte sein – höchstens zwei Seiten. Er wird auch den Gerichtsbeschluß und alle anderen Dokumente sehen wollen, die Sie vielleicht in dieser Sache haben. Und führen Sie auch auf, wann Verabredungen zum Zweck eines Besuchs bei Ihrem Kind nicht eingehalten worden sind. Das wird wertvolle Zeit sparen. Bitten Sie den Anwalt, ein kurzes Anschreiben an Ihren früheren Ehepartner zu schicken, das in Einklang mit Ihrer letzten Warnung steht, aber immer noch die Tür offen läßt für eine Periode von Besuchen auf Probe.

Das hat oft Erfolg. Es zeigt, daß Sie es tatsächlich ernst meinen. Doch falls eine Antwort kommt und Sie wieder Kontakt aufnehmen, hängt alles weitere davon ab, ob Sie bereit sind, Ihre Meinung auch zu begründen und kleinere Kompromisse einzugehen, wenn das genaue Arrangement der Besuche ausgehandelt wird. Erwarten Sie nie einen Sieg auf ganzer Linie. Die beste Art und Weise, Ihrem Kind bei den Besuchen wieder eine angenehme Atmosphäre zu verschaffen, ist, wenn beide Seiten das Gefühl haben, sie hätten etwas gewonnen.

Versuchen Sie, sobald Sie der Meinung sind, man kann wieder über Besuche verhandeln, einen Verwandten oder Freund hinzuzuziehen – vielleicht daß dieser mit Ihnen zusammen das Kind bei den ersten paar Besuchen trifft. (Beachten Sie: Ihr früherer Ehepartner versetzt möglicherweise einen anderen Menschen nicht so schnell wie Sie.) Rufen Sie Ihren Anwalt an und danken Sie ihm für die geleistete Arbeit. Aber notieren Sie sich weiterhin was geschieht, und heben Sie alle Benachrichtigungen und Briefe auf, falls Sie ihm diese später doch vorlegen müssen.

Lassen Sie uns jetzt annehmen, daß Sie auch hiermit erfolglos bleiben. Alle Forderungen, auch der Brief Ihres Anwalts, werden einfach ignoriert. Jetzt müssen Sie für ein paar Besuche die Termine festlegen, der erste sollte in etwa vier Wochen sein. Vergewissern Sie sich, daß Sie sich dabei an die gerichtlich festgelegte Regelung halten. Sagen Sie Ihrem Anwalt, er möchte einen gewissen Druck hinter diesen Zeitplan setzen. In seinem nächsten Brief wird dieser klar und deutlich die genannten Forderungen stellen und hinzufügen, sein Klient sei bei ein oder zwei dieser Termine zu einem Kompromiß bereit, falls es sich zeigt, daß sie schwer einzuhalten sind. Und sollte dies der Fall sein, so möge er doch telefonisch verständigt werden. Er weist noch einmal darauf hin, daß dieser Terminplan voll und ganz im Rahmen der gerichtlich festgelegten Regelung bleibt und bittet dann: »Würden Sie bitte so freundlich sein, innerhalb von zehn Tagen zu bestätigen, daß Sie mit dieser Regelung einverstanden sind.« Andernfalls, so heißt es weiter in dem Brief, muß der Fall leider bei nächstmöglicher Gelegenheit vor Gericht gebracht werden. In diesem Fall bittet er darum, ihm Namen und Anschrift des Anwalts mitzuteilen, der die andere Seite vertreten wird.

Wenn es jetzt mit den Besuchen klappt – entweder bevor der Elternteil, der das Sorgerecht hat tatsächlich einen Anwalt konsultiert oder nachdem er das getan hat – und das kommt manchmal vor, haben Sie mit einem nicht *allzu* großen finanziellen Aufwand etwas Positives erreicht. Denn Sie haben weder Regreß verlangt, noch die andere Partei der Herzlosigkeit beschuldigt, noch Ihre Briefe mit Beschimpfungen oder ironischen Spitzen gespickt. All das verstärkt nur den Widerstand, die ganze Sache zieht sich länger hin und kostet mehr. Weiterhin haben Sie Ihre Forderungen klar und deutlich gehalten. Wenn man sie zu sehr verkompliziert, bietet das nur Anlaß zu viel Streit. Der letzte Brief allerdings muß leicht drohend gehalten sein. Doch diese Drohung muß so ausgedrückt werden, daß klar ist, vor Gericht zu gehen wäre Ihnen sehr unangenehm. Eine direkte Drohung sollte man auf jeden Fall vermeiden. Denn auch wenn ihr nachgegeben wird, *vergessen wird sie nicht.* Früher oder später wird es eine Möglichkeit geben, es Ihnen heimzuzahlen, möglicherweise sogar über Ihr Kind. Und Sie möchten doch sicher auch nicht, daß etwas in Ihrem bzw. dem Brief des Anwalts steht, was man als Indiz für eine ständige Bedrohung Ihrerseits nehmen könnte?

Der letzte Brief muß per Einschreiben geschickt und sein Empfang bestätigt werden.

Haben Sie damit immer noch keinen Erfolg, dann kann von nun an alles mögliche geschehen. Am besten überlegen Sie sich die verschiedenen Möglichkeiten bereits im voraus, dann können Sie sich schon Gedanken machen, was Sie jeweils zu tun gedenken. Es gibt im allgemeinen fünf Möglichkeiten.

Die erste ist, daß Ihr früherer Ehepartner Ihnen (direkt oder über einen Anwalt) mitteilt, daß bestimmte Bedingungen erfüllt sein müssen, bevor Sie Ihr Kind besuchen dürfen. Diese Bedingungen sind gewöhnlich Geldforderungen, die Forderung, daß Sie die Kinder seltener und unter größerer Kontrolle besuchen (zum Beispiel nur an bestimmten Orten, in Anwesenheit bestimmter Leute, usw.), oder daß Sie mit ihnen nicht an bestimmte Orte gehen oder bestimmte Personen treffen dürfen.

Die zweite Möglichkeit besteht darin, eine Reihe von Gründen zu nennen (vielleicht mit der Drohung, diese dem Richter vorzulegen), warum Sie Ihr Kind nicht besuchen bzw. sich

völlig aus dessen Leben zurückziehen sollen. Diese Gründe werden wahrscheinlich eine Mischung aus Logik und Emotionen sein.
Drittens kann es zu einem plötzlichen Umzug in eine andere Stadt oder ein anderes Land kommen. (Diese Taktik – zu der ziemlich häufig gegriffen wird – ist dann wahrscheinlicher, wenn Sie wenig oder gar keinen Unterhalt zahlen.
Viertens kann zu einer der vielen Verzögerungsmaßnahmen gegriffen werden, beispielsweise kann es geschehen, daß Ihnen durch einen Verwandten mitgeteilt wird, das Kind sei krank oder ähnliches.
Die fünfte Möglichkeit ist, daß Ihre Herausforderung angenommen wird und eine Auseinandersetzung vor Gericht nicht zu vermeiden ist.
Beachten Sie, daß die erste, zweite und vierte Möglichkeit eigentlich eine Verhandlungsbereitschaft zeigen, obwohl sie auch Probleme in sich bergen. Hier kann ein Anwalt oft einen Ausweg finden, während Sie selbst emotional zu stark involviert sind, um den einfachsten Weg aus dem Durcheinander sehen zu können. Er besitzt Erfahrung und weiß, was eine wirkliche Forderung ist und was nur zum Zweck des Verhandelns angeführt wird. Er kann mit dem gegnerischen Anwalt besprechen, wie man diesen Fall vernünftig und schnell lösen kann. Sie müssen ihm jedoch klar und deutlich angeben, *was Sie auf jeden Fall erreichen wollen* und worauf Sie zu verzichten bereit sind. Denn sonst kann er nicht das für Sie Beste erreichen.
Die dritte genannte Möglichkeit birgt eine zusätzliche Schwierigkeit. Derjenige der das Sorgerecht hat, darf das Kind mit in eine andere Stadt nehmen, *doch* der andere Elternteil kann gewöhnlich – zumindest theoretisch – sein Recht geltend machen, wenn es darum geht, daß das Kind im Land bleibt. Das Schwierige daran ist, zu wissen, was man tun soll, *bevor* so etwas geschieht. Es kommt sehr selten vor, daß eine Person, die das Sorgerecht für ein Kind hat, aus dem Land gewiesen wird. Die Hauptgründe für eine Ausweisung sind wohl, wenn man

nach Ablaufen eines Visums im Land bleibt oder eine falsche Erklärung abgibt, um eine Einreiseerlaubnis zu bekommen. Sie können Ihren Rechtsanwalt veranlassen, nach der Abreise in dem Land selbst Ihr Besuchsrecht durchzusetzen. Doch auch wenn es historisch gesehen schon immer juristische Übereinkommen zwischen den betreffenden beiden Ländern gegeben hat, müssen Sie möglicherweise zweimal – in jedem Land einmal – vor Gericht gehen, um die Erlaubnis zu bekommen, die Ferien mit Ihrem Kind zu verbringen – vorausgesetzt, die Auseinandersetzung zieht sich überhaupt derartig hin.

Im fünften Fall – wenn die Herausforderung angenommen wird und es zum Kampf kommt – muß man die Situation erst genau verstehen, um richtig damit umzugehen. Es gibt verschiedene Gründe, warum einem Menschen möglicherweise eine Auseinandersetzung erstrebenswert erscheint: er kann es kaum erwarten, sich vor Gericht, vor einem größtmöglichen Publikum also, wütend auf Sie zu stürzen, denn es gibt immerhin etliche Dinge (ob nun relevante oder irrelevante), die gegen Sie aufgeführt werden können; er ist der Überzeugung, daß sich Ihr Fall vor Gericht völlig umkehren läßt; er will die ganze Scheidungsregelung noch einmal von vorne aufrollen, wobei er eine Neuformulierung des Gerichtsbeschlusses anstrebt.

Versuchen Sie sich zu überlegen, was die andere Seite wohl erreichen will. Wenn Ihr früherer Ehepartner Öffentlichkeit will – um den Krieg gegen Sie vor allen Leuten zu führen – müssen Sie sich entscheiden, ob Sie das tatsächlich verkraften können, und sich (was noch wichtiger ist) fragen, wie eine heftige Auseinandersetzung vor Gericht auf Ihre Kinder wirken wird. Ist jedoch angestrebt, etwas an den Bedingungen des Gerichtsbeschlusses zu ändern, können die Anwälte wahrscheinlich einen Kompromiß aushandeln; allerdings müssen Sie ihnen dazu mitteilen, was Sie für akzeptabel halten. Es kommt selten vor, daß beide Seiten wirklich überzeugt davon sind, daß sie gewinnen werden – es sei denn, sie haben nicht auf ihren Anwalt gehört und sehen daher die ganze Angelegenheit immer noch unrealistisch. Es ist also noch lange Zeit möglich,

ein Drama vor Gericht zu vermeiden. Es lohnt sich immer, sich diese Möglichkeiten einmal etwas genauer anzusehen.
Nun nehmen wir einmal an, Sie landen vor Gericht. Ihr Fall wird vorgebracht, alles ist gut abgesichert. Doch dann kommt der Haken. Man sagt dem Richter, Ihr Kind hätte nicht den geringsten Wunsch, Sie zu sehen. Vielleicht glauben Sie das nicht. Doch in Anbetracht dessen, was tatsächlich geschehen wird, wenn die Dinge erst einmal vor Gericht geklärt sind, sind die Reaktionen Ihres Kindes ziemlich wichtig.
Ich wähle hier bewußt ein fünfjähriges Kind als Beispiel. Meist wird ein Gericht wohl davon ausgehen, daß es bis zu diesem Alter – ganz egal was das Kind angeblich für den Wochenendvater bzw. die Wochenendmutter empfindet – keinen Grund gibt, warum man nicht das Kind ab und zu mit dem allein lebenden Elternteil zusammenbringen und abwarten sollte, was dabei herauskommt. Ein Jugendlicher dagegen wird seine eigene Meinung äußern und damit ist die Sache dann klar. Zwischen fünf und zwölf ist es schwierig. Ein Richter in einer Familienrechtssache wird sich vielleicht mit dem Kind zurückziehen und unter vier Augen mit ihm reden, um herauszubekommen, wie stark seine Gefühle sind und ob diese in irgendeiner Weise die Angelegenheit beeinflussen sollten. Er kann sich einen Bericht von einem Sozialarbeiter oder dem Gerichtspsychologen einholen. Gelegentlich kann das zu einem Kampf zwischen den beigezogenen Experten ausarten, doch in Familienrechtssachen erfahrene Leute erkennen gewöhnlich den Unterschied zwischen einer vorübergehenden Laune, einer festen Überzeugung und einer aufgesetzten Sache. Bei einem fünfjährigen Kind wird man *wahrscheinlich* dem ausdrücklichen (oder angeblichen) Wunsch, den anderen Elternteil nicht sehen zu wollen, nicht nachgeben. Doch je älter das Kind ist, desto eher wird es das Ergebnis Ihres Rechtsstreits beeinflussen, darauf müssen Sie gefaßt sein.
Und noch ein möglicher Haken. Sie haben den Fall zwar gewonnen, doch werden Sie das Kind tatsächlich auch sehen? Es gibt viele Fälle, in denen Wochenendeltern die Verhandlung

gewonnen haben, ihr Kind jedoch selten, wenn überhaupt, wiedersehen. Wenn der Elternteil, der das Sorgerecht hat, entschlossen ist, jedes Treffen mit Ihrem Kind zu vereiteln, wird ihm das in neun von zehn Fällen auch gelingen. Das ist vielleicht nicht fair, aber so liegen die Dinge nun einmal.

Wie vom Gericht festgesetzt, erscheinen Sie zur ausgemachten Zeit. Ihr Kind aber liegt im Bett, heißt es, und ist krank. Oder, gestern habe es einen Ausflug gemacht und den letzten Zug verpaßt. Alle möglichen Entschuldigungen können vorgebracht werden, und sie sind vielleicht sehr schwer zu widerlegen.

Beachten Sie, daß der Gerichtsbeschluß Sie *nicht* ermächtigt, hineinzustürmen und zu verlangen, einmal mit eigenen Augen sehen zu wollen, ob Ihr Kind wirklich krank ist. Sie haben nicht das Recht, die andere Wohnung zu betreten. (Möglicherweise wartet sogar jemand darauf, Sie bei einem ungesetzlichen Verhalten zu photographieren.)

Was geschieht also? Sie könnten wieder zu Ihrem Anwalt gehen und ihn bitten, dafür zu sorgen, daß der Beschluß durchgesetzt wird. Man wird zwar Mitgefühl für Sie aufbringen, doch es gibt keine Zauberformel, die die Sache lösen könnte. Niemand wird Ihre frühere Ehepartnerin zu einer Geldstrafe verurteilen oder sie wegen Nichtachtung des Gerichts ins Gefängnis stecken. Es ist in diesem Fall möglich, bezüglich der Entscheidung über das Sorgerecht in Revision zu gehen, doch das dauert lange, und es ist alles in allem eher unwahrscheinlich, daß das etwas ändert. Je plausibler die Gründe dafür dargestellt werden, daß der andere sich nicht an die Besuchsregelung hält, desto stärker spricht das gegen Sie. Kein Gericht wird riskieren, das Kind leiden zu lassen, wenn die Chance besteht, daß die angegebenen Gründe möglicherweise stichhaltig sind.

Vielleicht wird ein gewisser Druck zu Ihren Gunsten ausgeübt. Das hängt weitgehend davon ab, was ortsüblich ist und welche Einstellung die Leute haben, die mit Ihrer Sache zu tun haben. So wird beispielsweise ein Fürsorgebeamter geschickt, der

versuchen soll, eine weitere Verabredung für ein Treffen auszuhandeln. Vielleicht kommt er auch mit Ihnen, um zu verhindern, daß der Besuch wieder hintertrieben wird.
Doch keiner dieser Leute wird ein zum Kampf entschlossenes Gemüt bremsen können.
Je eher Sie wieder persönlich verhandeln können, desto besser. Das Gericht kann Ihnen vielleicht helfen, einen ersten Gang zu gewinnen, doch dann müssen Sie sich selbst helfen. Denn eine Gerichtsverhandlung ist eine sehr kostspielige Krücke; und abgesehen davon verlieren die Richter leicht die Geduld mit Leuten, die letztendlich nicht fähig scheinen, mit ihren Problemen selbst fertig zu werden. Haben Sie erreicht, daß Sie Ihr Kind wieder besuchen können, dann sorgen Sie auch dafür, daß dieser Besuch zu einem Erfolg wird; und passen Sie den rechten Moment ab, um sich versöhnlich zu zeigen.
Wenn Sie es endlich geschafft haben und jetzt Ihr Kind besuchen, dann sollten Sie besser nicht über die Gerichtsverhandlung reden, es sei denn, Ihr Kind möchte von sich aus darüber sprechen. Sie sollten ihm auf keinen Fall die Rolle vorwerfen, die es dabei gespielt haben mag. Sie wollen sich doch schnell wieder mit ihm auf guten Fuß stellen. Es kann sich später vielleicht einmal als nützlich erweisen, wenn jemand, der die Sache objektiv sieht und glaubwürdig ist, Sie mit Ihrem Kind beobachtet. Vielleicht wäre es ganz gut, er würde Sie beide zusammen photographieren. Und erweitern Sie den Kreis derer, die sagen können: »Aber natürlich hatten sie an diesem Tag ihren Spaß miteinander«, – obgleich Sie natürlich auch etwas Zeit alleine mit Ihrem Kind haben wollen, Sie beide ganz allein.
Es kommt vielleicht überraschend für Sie, wenn Sie später zu hören bekommen: »Kaum war er wieder zurück, ist er in Tränen ausgebrochen, und er hat schrecklich geträumt und ins Bett gemacht, als ich ihm sagte, du würdest ihn wieder fortholen.« Es sind in der Tat einige dramatische Veränderungen zu erwarten, wenn das Kind beide Eltern gerne hat und nicht weiß, was es aus den Kämpfen machen soll, die um es

getobt haben. Ihr Kind hatte zwar viel Spaß mit Ihnen, doch auch an dem, was Sie jetzt zu hören bekommen, kann etwas Wahres sein. Sie wissen jedenfalls nicht, wieviel daran übertrieben ist. Auf jeden Fall ist es für alle Beteiligten besser, so schnell wie möglich wieder eine entspannte Atmosphäre zu schaffen. Und in der Zwischenzeit müssen Sie beweisen, daß Sie zuverlässig und freundlich sind, und daß es Ihrem Kind gut tut, wenn es ein paar Tage mit Ihnen zusammen ist.

Ich gehe hier einmal davon aus, daß Sie *tatsächlich* gut mit Ihrem Kind auskommen. Wenn es älter ist und eine beträchtliche Zeit lang die Geschichte nur von der einen Seite gehört hat, sieht es vielleicht nicht ganz so rosig für Sie aus. Gelegentlich kommt es vor, daß eine lange und effektive Verleumdungskampagne gegen den nicht bei der Familie lebenden Elternteil dazu geführt hat, daß das Kind es mit der Angst zu tun bekommt. Das macht es nicht leicht. Und Sie wollen zweierlei, was sich offenbar nicht miteinander vereinbaren läßt. Sie wollen, daß Ihre Kinder Sie richtig kennenlernen, doch Sie wollen nicht, daß sie sich bei der Vorstellung, Sie zu treffen und bei Ihnen zu wohnen, ernsthaft ängstigen. Dabei wird es um so schwerer sein, irgendeine Einstellungsänderung herbeizuführen, je länger Sie ein mögliches Zusammensein hinausschieben. Fangen Sie wenn möglich bald damit an.

Doch versuchen Sie nicht, zu viel zu schnell zu tun. Eine einzige Konfrontation überwindet die Vorurteile noch nicht.

Geben Sie dem Kind auf die unterschiedlichste Weise weitere Informationen über sich. Kurze häufige Treffen unter verschiedenen äußeren Umständen werden dazu dienen, das Vertrauen wieder herzustellen. Reagieren Sie nicht zu heftig, wenn Ihr Kind mit etwas wie: »Wir sind sehr arm, weil du Mami das ganze Geld weggenommen hast«, herausplatzt. Brüllen Sie jetzt nicht los, Sie würden ja Unterhalt zahlen oder hätten ihr ja das Haus gelassen. Sagen Sie stattdessen freundlich: »Nein, das stimmt nicht«, – angenommen es stimmt wirklich nicht – und zeigen Sie mit Taten und nicht mit Worten, daß Sie ein großzügiger Mensch sind – und ein umsichtiger Mensch, der sich auch manchmal um Geld Gedanken macht. Überhäufen Sie das Kind nicht mit Geschenken, denn dann erwecken Sie nur den Eindruck, Sie seien leicht herumzukriegen, und zwar weil Sie Schuldgefühle haben. Zeigen Sie Ihre Umsichtigkeit und Großzügigkeit, indem Sie sich versichern, daß sich Ihr Kind wohl fühlt, daß es etwas Ordentliches ißt und die Zeit bekommt, mit Ihnen zu spielen oder zu reden. Braucht es ein Paar neue Jeans oder Turnschuhe, dann sorgen Sie dafür, daß es die auch bekommt. Erkundigen Sie sich auch nach Ihrem früheren Ehepartner. Halten Sie kurz bevor das Kind wieder nach Hause muß irgendwo an und fragen Sie es, ob es dem Vater bzw. der Mutter gerne etwas kaufen möchte.

Es braucht seine Zeit, bis sich die Nachwehen einer juristischen Auseinandersetzung in dem Gemüt eines Kindes und in seiner Beziehung zu dem getrennt lebenden Elternteil gelegt haben. Doch wenn es erst einmal mitbekommen hat, daß *Sie* das Feuer eingestellt haben, wird es sich wieder beruhigen und die Eltern mit weniger Anspannung betrachten.

Es gibt jedoch auch die zu Beginn des Kapitels erwähnte Situation, daß eine Partei fest entschlossen ist, den einen Elternteil aus dem Leben des Kindes verschwinden zu lassen, und diesem damit das Leben schwer macht. Der Unterschied zwischen strenger Disziplin und Mißhandlung ist hierbei sehr gering. Der nicht mit dem Kind lebende Elternteil kann völlig verzweifeln, wenn dabei ein Schritt zu weit gegangen wird. Für das Gericht ist es äußerst problematisch, zu entscheiden, was das Beste ist. Einerseits empfindet man Mitgefühl mit dem unglücklichen Kind, doch andererseits herrscht auch die Überzeugung, wenn zwei Eltern sich über die Abänderung eines Gerichtsbeschlusses streiten, sollte man möglichst nicht an dieser rühren.

Franz, ein achtjähriger Junge, wurde fast drei Monate lang in einem Schuppen im Garten eingesperrt, offenbar, weil er nicht gehorchte. Mutter und Stiefvater gaben an, sie hätten ihn zur Strafe dort hineingesteckt, weil er stehle, fluche, sich prügle, um sich trete, das Baby bedrohe und auch sonst schwer zu kontrollieren sei. Sein Vater, der Franz nur hatte treffen können, indem er seinen Sohn in Seitenstraßen abpaßte, war davon überzeugt, daß man den Jungen eigentlich dafür bestrafte, daß er mit *ihm* ausging und sich weigerte, seinen Stiefvater »Vati« zu nennen. Als die Polizei (die gerufen wurde, nachdem ein Sozialarbeiter einem anonymen Anruf nachgegangen war) ihn fand, war Franz nicht in der Lage, etwas Ausschlaggebendes zu dem Streit zu äußern. Wegen Unterkühlung, einer wahrscheinlich auf Unterernährung zurückzuführenden körperlichen Schwäche und wunden Stellen mußte er für einige Tage ins Krankenhaus. Jetzt wollten ihn beide Eltern zurückhaben.

Offenbar war niemand der Meinung, die Art und Weise, wie man Franz behandelt hatte – eine Behandlung, die doch eigentlich größte Wachsamkeit erfordert hätte – rechtfertige irgendein gerichtliches Nachspiel. Ein Sozialarbeiter redete mit der Mutter und dem Stiefvater und schrieb in seinem Bericht, von nun an bestünde eine größere Chance, daß die Familie sich besser vertrage, denn alle Beteiligten verstünden jetzt die Bedürfnisse der anderen besser. In der Regel vermeiden es Polizei und städtische Beamte, derartige Dinge vor Gericht zu bringen, wenn es so aussieht, als könne das eher noch mehr Schaden anrichten. Dieser Fall war vielleicht ein Grenzfall. Der Anwalt gab dem Vater von Franz jedenfalls die Auskunft, er habe nur geringe Chancen, das Sorgerecht zu bekommen. Man redete auch mit Franz, fragte ihn aber nicht eigentlich um seine Meinung. (Als Achtjähriger fällt man in die Grauzone der Fälle, wo einige Behörden etwas auf die Meinung des Kindes geben, andere jedoch nicht.)

Hätten alle Beteiligten eine etwas andere Charakterstruktur gehabt, dann wäre die Entscheidung der Behörden möglicherweise völlig richtig gewesen. Im nachhinein war es klar, daß Franz seinen Stiefvater haßte, der wiederum eifersüchtig auf Franz Vater war. Zwischen Franz und seiner Mutter gab es unvorhersagbare Höhen und Tiefen. Ihr kleines Kind beanspruchte viel Energie und Aufmerksamkeit.

Der Vater von Franz hatte nun einen besseren Stand; Besuche wurden ihm jetzt eher erlaubt, denn der Stiefvater fühlte sich verpflichtet, sich an die gerichtliche Regelung zu halten. Es kam zu zwei Treffen. Als sie das zweite Mal unterwegs waren, meinte der Vater, Franz könne eine Wolljacke mit warmem Futter gut gebrauchen. Der Junge trug sie an diesem Nachmittag, und auch als er nach Hause zurückkam.
Was dann geschah, kann niemand sagen, jedenfalls bekam der Stiefvater einen Wutanfall und verprügelte Franz. Wahrscheinlich war die Jacke der Auslöser, doch es mögen auch andere Dinge eine Rolle gespielt haben. Die Jacke jedenfalls wurde weggeworfen. Nachbarn fanden sie später bei den Mülltonnen. Von den folgenden drei Wochen, während der man dem Vater erzählte, Franz sei schwer erkältet (das geschah zweimal) oder wolle ihn nicht sehen (das geschah einmal), war nicht viel bekannt.
Dann war Franz wieder im Krankenhaus. Diesmal hatte er flüssiges Unkrautvertilgungsmittel getrunken, das man zum Gebrauch verdünnt und in einem Behälter unter dem Ausguß in der Küche aufbewahrt hatte. Seine genauen Beweggründe, einen Schluck davon zu probieren und dann auch weiter zu trinken, bleiben ebenfalls offen. Wahrscheinlich wollte er, daß seine Mutter sich wieder um ihn kümmerte. Ein Sozialarbeiter war überzeugt, daß er einen Ausweg aus dieser für ihn unmöglichen Situation suchte. Er liegt jetzt mit dauerhaften Organschäden auf einer Verweilstation. Beide Eltern besuchen ihn nun, so daß er in gewisser Weise etwas bei der ganzen Sache gewonnen hat.
Kann man den Vater eigentlich für das Geschehen tadeln? Er quält sich immer noch mit Selbstvorwürfen: »Ich war einfach in der Angelegenheit nicht entschieden genug«, klagt er. Interessanterweise gibt er den Behörden keine Schuld, obwohl eine Lokalzeitung diesen die Hölle heiß gemacht hat. Doch es ist gar nicht so leicht zu sagen, was Franz Vater hätte tun können, um seinem Sohn zu helfen. Ein weiteres Vorgehen über den Anwalt und das Gericht wäre für ihn zu kostspielig geworden.

Möglicherweise hätte ihm hier die städtische Rechtsberatung helfen können, doch auch nur begrenzt.
Ein begüterter Mann mit besseren Kontakten wäre vielleicht folgendermaßen vorgegangen:
Erstens hätte er ein zweites und drittes juristisches Gutachten einholen können. Zweitens könnte er veranlassen, daß sein Anwalt die Meinung eines Spezialisten über die grundlegenden Probleme in diesem Fall einholt. Außerdem hätte man diesen fragen können, wie die Aussichten stehen, den Gerichtsbeschluß bezüglich des Sorgerechts anzufechten, und wie man dabei wohl am besten vorgeht – das heißt, welche Gründe möglicherweise als relevant angesehen werden. Drittens hätte er mit den Beamten im Jugendamt alles besprechen können. Und viertens wäre es denkbar gewesen, über die möglichen Gefahren in dieser Situation mit dem örtlichen Landtagsabgeordneten, dem Pfarrer, dem Hausarzt, dem Sozialarbeiter oder der Lehrerin zu reden – kurz, mit *jedem,* der zur Hilfe bereit gewesen wäre. Der eine oder andere der Genannten hätte vielleicht direkt etwas unternehmen können, hätte sich die Sache einmal angesehen, sich Notizen gemacht und wäre, wenn nötig, eingeschritten.
Ein begüterter Mensch hat in der Tat mehr *Zeit,* das alles zu tun, und über die dabei anfallenden Kosten braucht er sich auch keine Gedanken zu machen. Was das letztendlich heißt, ist nicht weiter überraschend: es gibt ein Gesetz für die Reichen und ein Gesetz für die Armen.
Selbst ein wirklich reicher Mann hätte in diesem Fall möglicherweise nicht viel ausrichten können, und das Sorgerecht für Franz nicht bekommen, obwohl er im allgemeinen größere Chancen hätte.
Beachten Sie: das an dritter und vierter Stelle Genannte hätte der Vater von Franz tun können, ohne daß es ihn viel gekostet hätte. Zugegeben, er hätte sich freinehmen müssen. Häufig ist es auch eine Kunst, einflußreiche Leute für ein Anliegen zu interessieren. Hierzu bedarf es einer Mischung aus entscheidendem Auftreten und Diplomatie, das heißt, man muß wissen,

wann man den Fuß in die Tür stellt und wann man ein entwaffnendes Lächeln aufsetzt. Schauen Sie nicht wie ein geprügelter Hund und bekommen Sie keinen hysterischen Anfall: so etwas überzeugt eine offizielle Person nur davon, daß Sie für das Sorgerecht nicht in Frage kommen. Seien Sie jedoch so entschieden und hartnäckig wie nur möglich. Man hört den Leuten zu, die entschiedener und beharrlicher sprechen. Wenn Sie sich ernsthaft Sorgen machen, ob Ihr Kind auch wirklich sicher ist, und die Behörden zeigen sich nicht entgegenkommend, dann sollten Sie folgendes tun:

Verlangen Sie den Vorgesetzten zu sprechen.

Besorgen Sie sich die Privatnummer der Beamten, an die Sie nicht herankommen, und bereden Sie das Problem *abends* ausführlicher mit ihnen.

Reden Sie mit Journalisten am Ort, und versuchen Sie herauszufinden, ob diese irgendwelche nützlichen Kontakte haben; vielleicht sind sie sogar selbst an der Angelegenheit interessiert.

Sie werden überrascht sein, welchen Erfolg dieses Vorgehen manchmal hat. Auch wenn Sie nicht alles erreichen, was Sie wollen, wird es doch Leute mit Verantwortungsgefühl geben, die den Fall genauer im Auge behalten. Das kann ja nichts schaden.

Der nächste Fall ist deswegen lehrreich, weil er die Grenzbereiche zeigt, in denen die Polizei oft nur beobachtet, bevor sie sich entscheidet, einzuschreiten.

Christa hatte vierzehn stürmische Ehejahre hinter sich, bevor ihre Ehe auseinanderbrach. Zu dieser Zeit hatte sie zwei Kinder, Paul (zwölf Jahre alt) und Doris (zehn Jahre alt). Eines Tages, nach einer besonders bitteren Szene, packte Christa einen kleinen Koffer und zog für ein paar Tage zu ihrer Schwester. Als sie zurückkam, waren an allen Türen neue Schlösser eingebaut; die Kinder befanden sich im Haus. Aus einem Fenster im ersten Stock rief ihr Mann, sie solle weggehen – sie könne sich ja einen Anwalt nehmen.

Das tat sie dann auch. Drei Jahre lang hat sie darum gekämpft,

ihre Kinder wiederzusehen. Während dieser ganzen Zeit hat man ihr nur drei kurze Treffen ermöglicht.
Der Ehemann ging herzlos, aber geschickt vor – bis er einen Fehler beging. Hier einige Beispiele seiner Taktiken:
Er überredete Christa dazu, die ganze Scheidungsangelegenheit von einem einzigen Anwalt (seinem nämlich) regeln zu lassen.
Er redete seinen Kindern ein, ihre Mutter sei jetzt Prostituierte, und natürlich sollten sie bei ihm bleiben.
Er veranlaßte, daß eine Lehrerin der Kinder versetzt wurde, die zwischen Christa und ihrer Tochter vermittelt hatte.
Er schaffte es mit den verschiedensten Ausreden, die sich alle ganz gut anhörten, Christa an der Ausübung ihres Besuchsrechtes zu hindern – die Ausnahmen waren ein Wochenendbesuch und zwei kurze Treffen nach der Schule.
Er bedrohte sie jedesmal, wenn sie versuchte Kontakt zu den Kindern aufzunehmen oder über den Anwalt oder die Polizei Beschwerde einzureichen. (Beispielsweise waren dann bei ihrem Wagen, der im Parkhaus stand, die Lichter eingetreten, oder es klingelte alle halbe Stunde das Telefon, oder Leuten, die sie besuchten, wurde alles mögliche angedroht, usw.)
Es ist ganz offensichtlich, er war ein wohlhabender und einflußreicher Mann mit einem starken Willen. Dies erschwerte eine Auseinandersetzung mit ihm beträchtlich. Christas erster (eigener) Anwalt gab ihr den Rat, das Land zu verlassen und irgendwoanders neu anzufangen.
Die Polizei wollte mit der Geschichte nichts zu tun haben, sie hatten nur ein paar mitfühlende Floskeln für Christa übrig. Doch dann geschah folgendes:
Christas Mann heiratete zum zweiten Mal. Dadurch waren die Bedrohungen in den Augen der Polizei nicht mehr länger eine Angelegenheit zwischen Mann und Frau, und sie zeigten mehr Interesse dafür. (Geschiedene Paare gelten immer noch als Paar.) Er ging einen Schritt zu weit, als er die Polizei anonym davon unterrichtete, daß Christas Wohnung als Bordell genutzt würde. Das führte zu einer erfolglosen Hausdurchsuchung, als

Christa und eine Freundin eines Abends eine Party gaben. Die Polizei, die jetzt anfing aufzumerken, rief Christas früheren Mann an und dankte ihm für den hilfreichen Tip. Er tat ihnen den Gefallen und tappte in die Falle, und so konnte man ihn wegen »Erregung öffentlichen Ärgernisses« anzeigen. Er hat Bewährung bekommen. Aber er hat immer noch das Sorgerecht. Mit zunehmendem Alter werden die Kinder immer mehr als erwachsen und als fähig betrachtet, selbst zu entscheiden. Je weniger sie von ihrer Mutter zu sehen bekommen, desto weniger können sie beurteilen, wie es sich wohl mit dieser leben läßt.

Christa versucht weiterhin, ihr Besuchsrecht durchzusetzen. Die Angelegenheit ist immer noch nicht geklärt. Dies zeigt, daß die Polizei es wenig schätzt, in eheliche bzw. nacheheliche Streitereien hineingezogen zu werden. Es zeigt auch auf sehr beeindruckende Weise, was geschehen kann, wenn jemand es ausnutzt, daß ihm die Kinder zugesprochen werden, und wenn er entschlossen ist, sie dauerhaft zu beeinflussen. Leben die Betreffenden jedoch erst einmal ständig in getrennten Haushalten und es geschieht ein aktueller Verstoß gegen das Gesetz, liegt die Sache anders. Dann kommt es sogar manchmal vor, daß die Polizei in Fällen, in denen sie die eine Partei der Arroganz verdächtigt, versucht, das Unterlassene wieder wettzumachen. Wenn Sie in Christas Situation sind, müssen Sie möglicherweise warten, bis Ihr früherer Ehepartner einen Schritt zu weit geht: dann müssen Sie alle nur möglichen Einzelheiten über das Ereignis schriftlich festhalten und etwaige Beobachter des Vorfalls bitten, das zu bezeugen. Es ist vielleicht Ihre einzige Chance, und Sie müssen sie ergreifen.

Die Kinder in dem oben erwähnten Fall hatten eine doppelt unangenehme Wahl zu treffen. Stellen Sie sich das doch einmal kurz aus der Sicht eines Kindes vor. Sich den Elternteil aussuchen, mit dem man leben will, heißt, *den anderen abzulehnen.* Schon wenn sie noch ganz klein sind, empfinden sie das so. Viele Kinder finden das schrecklich und haben hinterher Schuldgefühle. Einige versuchen noch lange danach, immer wieder die Entscheidung zu rechtfertigen. In einer solchen Situation, in der die Kinder sich zwischen zwei liebenden Eltern hin und her gerissen fühlen, können Sie es ihnen erleichtern, indem Sie ihnen klarmachen, daß diese Ablehnung nie total sein muß – sogar, wenn Sie der Gewinner sind. Unterstützen Sie eine Politik der offenen Tür, und wenn die Kinder ankündigen, daß sie Ihren früheren Partner für ein paar Tage besuchen wollen, dann sollten Sie ihnen helfen, alles zusammenzupacken, was Sie brauchen. Wenn sie den Verdacht haben, daß Sie sich zu Vergeltungsmaßnahmen hinreißen lassen, nachdem Sie das, was Sie wollten zurückbekommen haben, werden sie nur wenig Achtung vor Ihnen haben.

Und schließlich: Anwälte gewinnen gerne. Sie sind nicht unbedingt davon überzeugt, daß man einen Fall, in dem es fünfzig zu fünfzig steht, unbedingt weiterverfolgen und für den Klienten irgendwelche Vorteile herausschlagen sollte – solche Fälle vermeiden sie lieber. Das ist nur menschlich – und professionell gedacht. Doch manchmal sind sie auch zu anmaßend.

Als Ruth und ihr Mann sich trennten, blieben ihre beiden Töchter bei ihr. Der vierzehnjährige Sohn Andreas wurde gefragt, ob er auch bei seiner Mutter bleiben wolle. »Nein«, sagte er zu Ruth und seinen beiden Schwestern. »Ihr seid alle gegen ihn. Ich werde mit Vati leben. Er braucht jemanden, der auf seiner Seite steht.«

Ruths Anwalt war entsetzt. »Ich kann sehr viel mehr für Sie dabei herausschlagen, wenn Sie Andreas bei sich behalten. Der Unterhaltsbetrag wird *viel* höher sein, denn die Mädchen sind ja bereits sechzehn. Sagen Sie ihm, daß er bei Ihnen bleiben muß.«

Sie überlegte sich das und sagte dann zu Andreas: »Hier, nimm diesen Hausschlüssel. Wenn du mich oder deine Schwestern einmal besuchen willst, dann komm doch einfach vorbei.«

»Seine Freundschaft war mir *mehr* wert«, sagte sie zu mir.

Arnd Stein

Mein Kind hat Angst

Wie Eltern verstehen und helfen können
Reihe: Kösel für Eltern
168 Seiten. Kartoniert

Jedes Kind hat zuweilen Angst. Das ist ganz normal. Dennoch könnte fast jedes Kind weniger Angst haben, wenn Eltern nicht ratlos vor dem Rätsel Angst stehen würden. In diesem Buch deckt der Autor die manchmal komplizierten Hintergründe kindlicher Ängste auf, indem er die Entwicklungsgeschichte der Angst bis zum »ersten Schrei« zurückverfolgt. Darüber hinaus zeigen zahlreiche Beispiele sowie konkrete Empfehlungen, wie man dem Kind ein (angst) freieres Zuhause schaffen kann. Ein neu entwickelter Test am Ende des Buches gibt Eltern die Möglichkeit, die ganz speziellen Ängste ihres Kindes, aber auch unterschwellige Familienkonflikte »aufzuspüren«.

Kösel-Verlag · München